Bielefelder Rechtsstudien

Schriftenreihe für Gesetzgebungswissenschaft, Rechtstatsachenforschung und Rechtspolitik

Herausgegeben von
Otto Backes, Stephan Barton,
Gerhard Otte und Martin Stock

Band 25

Qualitätssicherung und Peer Review
vorliegenden Publikation

Qualität der in dieser Reihe
cheinenden Arbeiten wird vor der
blikation durch Herausgeber der
he geprüft.

Notes on the quality assurance
and peer review of this publication

Prior to publication, the quality of
the work published in this series
is reviewed by editors
of the series.

Die Rückwirkung von Gesetzesänderungen im Erbrech

Philipp Hahn

Die Rückwirkung von Gesetzesänderungen im Erbrecht

PL ACADEMIC RESEARCH

Bibliografische Information der Deutschen Nationalbibliothek
Die Deutsche Nationalbibliothek verzeichnet diese Publikation in der Deutschen Nationalbibliografie; detaillierte bibliografische Daten sind im Internet über http://dnb.d-nb.de abrufbar.

Zugl.: Bielefeld, Univ., Diss., 2013

D 361
ISSN 0937-0641
ISBN 978-3-631-65549-8 (Print)
E-ISBN 978-3-653-04702-8 (E-Book)
DOI 10.3726/978-3-653-04702-8

PL Academic Research ist ein Imprint der Peter Lang GmbH.

Peter Lang – Frankfurt am Main · Bern · Bruxelles · New York · Oxford · Warszawa · Wien

Diese Publikation wurde begutachtet.

www.peterlang.com

Inhaltsverzeichnis

A. Einleitung

Bei Gesetzesänderungen stellt sich die Frage, ab wann das neue Recht gelten soll. Wenn nicht ein anderer Zeitpunkt bestimmt wird, tritt ein formelles Gesetz in Kraft, sobald es beschlossen und verkündet wurde (Art. 82 GG). In besonderen Fällen kann allerdings ein Bedürfnis für ein zeitlich vor der Verkündung des Gesetzes liegendes Inkrafttreten bestehen, etwa um Schwächen des alten Rechts mit Wirkung für die Vergangenheit zu beheben. Soweit dadurch ausschließlich neutrale oder begünstigende Rechtsfolgen begründet werden, erscheint dies grundsätzlich nicht bedenklich. Eine Einschränkung der Handlungsfähigkeit des Gesetzgebers wäre also unzweckmäßig. Werden jedoch *belastende* Gesetze mit Wirkung für die Vergangenheit erlassen, stellt sich die Frage, ob dies verfassungsrechtlich zulässig ist. Denn aus dem Rechtsstaatsprinzip (Art. 20 III GG) leitet sich der Schutz des Vertrauens auf die Gültigkeit und den Bestand der Rechtsordnung ab. Der Einzelne soll die Möglichkeit haben, die belastenden Rechtsfolgen eines Gesetzes zur Kenntnis zu nehmen, um sich entsprechend verhalten zu können.[1] Er müsste sonst stets befürchten, sein gegenwärtiges Verhalten könnte wegen rückwirkender Gesetzesänderungen zu Nachteilen führen.[2]

Derartige Bedenken ergeben sich nicht nur im Fall der formellen Rückwirkung eines Gesetzes, wenn also das Inkrafttreten für einen Zeitpunkt vor der Verkündung des Gesetzes bestimmt ist. Sie bestehen ebenfalls, wenn ein Gesetz erst künftig eintretende Rechtsfolgen von Umständen abhängig macht, welche in der Zeit vor der Verkündung des Gesetzes liegen. Auch dann kann das Verhalten zur Vermeidung von belastenden Rechtsfolgen nicht am geltenden Recht ausgerichtet werden.

Diese Fallgruppe erlangt bei Gesetzesänderungen im Erbrecht besondere Bedeutung, da die Anwendung einer Neuregelung regelmäßig vom Zeitpunkt des Erbfalls abhängig gemacht wird. Nach dem Stichtagsprinzip, das in Art. 213 EGBGB zur Einführung des BGB normiert wurde und seitdem ein intertemporaler Grundsatz von Erbrechtsänderungen ist, gilt das alte Recht für alle Erbfälle vor dem Stichtag des Inkrafttretens der Gesetzesänderung und das neue Recht für alle Erbfälle danach. Dadurch können mit dem Erbfall Rechtsfolgen eintreten,

1 Vgl. BVerfGE 13, 261, 271; *Maurer*, Handbuch des Staatsrechts III, 1. Aufl., S. 223.
2 Vgl. ausführlich unten C.IV.

die von Umständen abhängig sind, welche *vor* dem Erbfall und damit *vor* der Gesetzesänderung liegen.[3]

Diese Problematik wird dadurch verschärft, dass im Erbrecht mehrpolige Rechtsverhältnisse geregelt werden, die nicht lediglich die Rechte einer Person gegenüber dem Staat betreffen, sondern vor allem die Rechte zwischen mehreren Personen untereinander. Rechtsänderungen zugunsten des einen können dadurch gleichzeitig eine Beeinträchtigung zulasten eines anderen sein. Wenn die Testierfreiheit in bestimmten Bereichen erweitert wird, ist der Erblasser beispielsweise bei der Nachlassverteilung nicht mehr an frühere gemeinschaftliche Testamente und Erbverträge gebunden oder weniger durch das Pflichtteilsrecht beschränkt. Gerade bei Gesetzesänderungen im Erbrecht ist deshalb die Frage zu stellen, ob es zu Rückwirkungen kommt und, wenn das der Fall ist, ob sie verfassungsrechtlich zulässig sind.

Einen konkreten Anlass zur Untersuchung der Zulässigkeit rückwirkender Erbrechtsänderungen gibt die letzte Reform des Erbrechts durch das Gesetz zur Änderung des Erb- und Verjährungsrechts,[4] das zum 01.01.2010 in Kraft trat. Neben der Erstreckung der Regelverjährung auf das Erbrecht und der Beseitigung einiger Schwachstellen des Erb- und Pflichtteilsrechts war die Erweiterung der Testierfreiheit des Erblassers das Ziel der Reform.[5] Dazu gab es Änderungen bei der Berechnung der Pflichtteilsergänzung (§ 2325 III BGB) und der Wirkung des Zuwendungsverzichts (§§ 2352 S. 3, 2349 BGB), wodurch aufgrund des Stichtagsprinzips gemäß Art. 229 § 23 IV EGBGB[6] auch Schenkungen und Zuwendungsverzichte aus der Zeit vor der Gesetzesänderung erfasst werden.

Außerdem sah der Regierungsentwurf[7] des Gesetzes vor, Anordnungen der vorweggenommenen Erbfolge im Wege der Ausgleichung (§§ 2050 ff, 2316 BGB)

---

3 Vgl. die Ausnahmen vom Stichtagsprinzip durch besondere Übergangsregelungen vergangener Erbrechtsänderungen in Art. 214, 217, 235 § 2 EGBGB, um solche Wirkungen zu verhindern. Weitere Ausnahmen vom Stichtagsprinzip sind zu finden bei *Hess*, Intertemporales Privatrecht, S. 231 ff; Staudinger/*J. Mayer*, EGBGB, Bearb. 2005, Vorb. zu Art. 213–217 Rn. 8 ff.

4 Veröffentlicht in BGBl. 2009, Teil I Nr. 63, ausgegeben am 29.9.2009.

5 Vgl. A. Entwurf eines Gesetzes zur Änderung des Erb- und Verjährungsrechts der Bundesregierung vom 30.1.2008, in BR-Drs. 96/08 v. 1.2.2008 = BT-Drs. 16/8954.

6 Eingeführt durch Art. 2 Gesetz zur Veränderung des Erb- und Verjährungsrechts vom 24.9.2009. Mit einigen Ausnahmen vom Stichtagsprinzip im Bereich der Verjährung, vgl. Art. 229 § 23 I–III EGBGB.

7 Entwurf eines Gesetzes zur Änderung des Erb- und Verjährungsrechts der Bundesregierung vom 30.1.2008.

und Anrechnung (§ 2315 BGB) von Zuwendungen noch nachträglich durch Verfügung von Todes wegen zu gestatten. Der Erblasser hätte dadurch an einen Erben oder Pflichtteilsberechtigten vorbehaltlos gewährte Zuwendungen nutzen können, um dessen spätere Nachlassbeteiligung zu vermindern. Dies wäre aufgrund des Stichtagsprinzips auch bei Zuwendungen aus der Zeit vor der Gesetzesänderung möglich gewesen. Obwohl diese Änderungen zur vorweggenommenen Erbfolge fallen gelassen wurden und nicht Gesetz geworden sind, ist wegen künftiger Gesetzgebungsvorhaben die dadurch aufgeworfene Problematik von Interesse, ob Zuwendungen aus der Zeit vor der Gesetzesänderung zulasten des Erben oder Pflichtteilsberechtigten durch eine Neuregelung berücksichtigt werden dürfen. Schon wurde auf dem 68. Deutschen Juristentag angeregt, *de lege ferenda* die gesetzlich angeordnete Ausgleichung von Zuwendungen (§§ 2050 ff BGB) zu erweitern,[8] wodurch nach dem Stichtagsprinzip wieder Altzuwendungen erfasst wären.

Einen weiteren bemerkenswerten Fall einer rückwirkenden Erbrechtsänderung stellt das Zweite Gesetz zur erbrechtlichen Gleichstellung nichtehelicher Kinder vom 12.04.2011 dar, das den Ausschluss des Erb- und Pflichtteilsrechts von vor dem 01.07.1949 geborenen nichtehelichen Kindern rückwirkend zum 29.05.2009 für *bereits eingetretene* Erbfälle strich. Die grundsätzlich zu begrüßende Beseitigung der letzten erbrechtlichen Benachteiligung von nichtehelichen Kindern führt in dieser Form zu einem nachträglichen Rechtsverlust der Erben und ist mit Blick auf die Rückwirkungsproblematik eine Untersuchung wert.

---

8 Vgl. *Röthel*, Gutachten A zum 68. Deutschen Juristentag, S. 56 f. Die Problematik des Übergangsrechts der nachträglichen Anordnung von Ausgleichung und Anrechnung ist über den Regierungsentwurf hinaus relevant.

B. Die Aussicht auf erbrechtlichen Erwerb

Änderungen des Erbrechts betreffen häufig nicht nur die Rechte des Erblassers, sondern auch die Nachlassbeteiligung der Erb- und Pflichtteilsprätendenten. Ist der Erbfall bereits eingetreten, ist eine rückwirkende Beeinträchtigung durch eine Gesetzesänderung leicht an einer Veränderung der Rechte am Nachlass festzustellen. Schwieriger ist die Beurteilung von Beeinträchtigungen durch Gesetzesänderungen, die die künftige Nachlassbeteiligung betreffen, wodurch Rechte erst gar nicht zur Entstehung gelangen oder einen anderen Inhalt erhalten. Es ließe sich einwenden, ein Vertrauensschutz gegen Beeinträchtigungen sei mangels konkreter Rechtsposition nicht möglich. Das könnte aber in den Fällen anders zu beurteilen sein, in denen entweder eine künftige Nachlassbeteiligung gesetzlich gesichert ist oder bereits Rechtsgeschäfte mit Wirkung für den Erbfall vorgenommen wurden. In Betracht kommen dafür das (gesetzliche) Erbrecht und das Pflichtteilsrecht sowie Erbverträge und gemeinschaftliche Testamente. Zunächst soll die Erb- und Pflichtteilserwartung näher untersucht werden.

I. Die Erberwartung

Das gesetzliche Erbrecht stellt aus der Sicht des Erbprätendenten vor dem Erbfall nur eine Erberwartung beziehungsweise eine Erbaussicht dar, aber kein subjektives Recht.[9] Der Erblasser kann grundsätzlich frei Erben einsetzen (§ 1937 BGB), enterben (§ 1938 BGB) oder die Erbquoten bestimmen. Insbesondere ist er nicht, auch nicht in mittelbarer Drittwirkung der Grundrechte, zu einer Gleichbehandlung seiner Abkömmlinge verpflichtet.[10] Selbst wenn eine Erbeinsetzung

---

9 Staudinger/*Marotzke*, BGB, Bearb. 2008, § 1922 Rn. 11 ff; MüKo/*Leipold*, BGB, 5. Aufl., § 1922 Rn. 135; *Muscheler*, Erbrecht I, S. 50; Bamberger/Roth/*Müller-Christmann*, BGB, 2. Aufl., § 1922 Rn. 95; Soergel/*Stein*, BGB, 13. Aufl., Einl. zu §§ 1922 ff Rn. 2; RGRK/*Kregel*, BGB, 12. Aufl., § 1922 Rn. 5; Palandt/*Weidlich*, BGB, 71. Aufl., § 1922 Rn. 3, 4; Erman/*W. Schlüter*, BGB, 12. Aufl., Einl. zu §§ 1922 ff Rn. 11; **aA.** BGHZ 1, 343, 349, wonach aufgrund gesetzlicher Erbfolge ein subjektives Erbrecht bereits vor Erbfall bestehe, das allerdings keine Erbansprüche umfasse.

10 BVerfG, FamRZ 2000, 945, 946; Staudinger/*Otte*, BGB, Bearb. 2008, Einl. zu §§ 1922 ff Rn. 88.

durch letztwillige Verfügung erklärt wurde, kann der Erblasser diese wieder beliebig ändern (§§ 2253 ff BGB).[11] Das Ob und das Wie der Erbeinsetzung steht zur Disposition des Erblassers, ist mithin dessen Testierfreiheit zugeordnet und damit Rechtsmacht des Erblassers. Die Aussicht des Erbanwärters Erbe zu werden ist also gegenüber dem Erblasser rechtlich nicht geschützt und verleiht auch sonst keine Befugnisse, die die Annahme eines subjektiven Rechts rechtfertigen würden.

Ein über die Institutsgarantie eines objektiven Erbrechts hinausgehendes Individualgrundrecht auf Eigentumserwerb durch gesetzliche oder gewillkürte Erbfolge, das sich nicht im Pflichtteilsrecht erschöpft, ist also logisch aufgrund der Testierfreiheit des Erblassers ausgeschlossen. Denn nach geltendem einfachen Recht und Verfassungsrecht hängt jeglicher erbrechtlicher Erwerb außerhalb des Pflichtteilsrechts vom Willen des Erblassers ab. Ein Individualgrundrecht des Erben, kraft gesetzlicher oder gewillkürter Erbfolge zu erwerben, hätte daher immer nur genau den vom Erblasser zugelassenen Umfang. Auch im Fall der gesetzlichen Erbfolge könnte er davon jederzeit abweichen. Außerhalb des von der Erbrechtsgarantie gewährleisteten Pflichtteilsrechts ist ein „Recht“ auf erbrechtlichen Erwerb daher stets nur ein unselbständiger Reflex der Testierfreiheit.[12]

II. Die Aussicht auf den Pflichtteil

1. Zivilrechtliche Dimension

Rechtlich sicherer ist hingegen die Aussicht auf das Pflichtteilsrecht. Es gewährt beim Erbfall einen Pflichtteilsanspruch (§ 2317 I BGB), wenn der Berechtigte enterbt ist (§ 2303 I 1 BGB), wenn der hinterlassene Erbteil oder das zugedachte Vermächtnis geringer als die Hälfte des Wertes des gesetzlichen Erbteils ist (§§ 2305, 2307 I 2 BGB), in bestimmten Fällen der Ausschlagung (§§ 2306, 2307 I 1 BGB) oder im Fall der Pflichtteilsergänzung (§§ 2325 ff BGB). Das Pflichtteilsrecht erschöpft sich aber nicht allein in der Gewährung von Zahlungsansprüchen. Selbst wenn aufgrund ausreichender Erbeinsetzung oder Vermächtnisaussetzung

11 Ausnahmen können sich aus bindend gewordener wechselbezüglicher Erbeinsetzung in einem gemeinschaftlichen Testament (§ 2271 II BGB) und aus vertragsmäßiger Erbeinsetzung in einem Erbvertrag (§ 2289 I BGB) ergeben.

12 Vgl. Staudinger/*Otte*, BGB, Bearb. 2008, Einl. zu §§ 1922 ff Rn. 65.

kein Anspruch auf den Pflichtteil entsteht, umfasst es Rechte, die bei der Befriedigung anderer Pflichtteilsberechtigter in Abhängigkeit von der Höhe des eigenen (rechnerischen) Pflichtteilsanspruchs geltend gemacht werden können.[13] Auch der Auskunftsanspruch des Nichterben (§ 2314 I BGB) wird als selbständig angesehen und leitet sich daher nicht lediglich aus dem bestehenden Pflichtteilsanspruch ab.[14] Das Pflichtteilsrecht gewährt also einerseits Rechte, die über den Zahlungsanspruch hinausgehen, und andererseits können diese Rechte selbständig auch neben Rechten aus gesetzlichem Erbrecht, Erbeinsetzung oder Vermächtnis bestehen.

Diese Rechte des Pflichtteilsberechtigten stehen nicht zur freien Disposition des Erblassers,[15] was sich nicht zuletzt aus dem Sinn und Zweck des Pflichtteilsrechts als Schranke der Testierfreiheit ergibt. Gegen den Willen des Pflichtteilsberechtigten kann das Pflichtteilsrecht daher nur im Rahmen der Pflichtteilsentziehung (§§ 2333 ff BGB) und -beschränkung (§ 2338 BGB) sowie der Pflichtteilsunwürdigkeit (§§ 2339 ff, 2345 II BGB) beeinträchtigt werden. Die Tatbestände, die eine solche Beeinträchtigung erlauben, orientieren sich ausschließlich am Verhalten des Pflichtteilsberechtigten. Damit unterliegt es seinem Einfluss, ob er sein Pflichtteilsrecht durch derartiges Verhalten in Gefahr bringt. Liegen diese Voraussetzungen nicht vor, ist das Pflichtteilsrecht dem einseitigen Einwirken des Erblassers entzogen. Er kann höchstens die Entstehung eines Pflichtteils*anspruchs* durch ausreichende, unbeschränkte und unbedingte Erbeinsetzung verhindern.[16] Bestimmte pflichtteilsbezogene Rechte bestehen aber auch in diesem Fall (vgl. §§ 2318 ff, 2328 BGB). Mittels der §§ 2325 ff BGB ist das Pflichtteilsrecht in begrenztem Umfang ebenfalls gegen tatsächliche Beeinträchtigung durch Schenkungen unter Lebenden geschützt, gleichgültig ob eine Beeinträchtigung vom Erblasser gewollt ist.

Aufgrund dieses normativen Schutzes und der schon vor dem Eintritt des Erbfalls durch das BGB gemäß §§ 1822 Nr. 1, 2281, 2346 BGB, § 312 II BGB aF. (§ 311b IV, V BGB) geregelten Rechtsgeschäfte, die den Pflichtteil zum Gegenstand haben, wird das Pflichtteilsrecht in der (älteren) Rechtsprechung so verstanden, dass es „schon zu Lebzeiten des Erblassers rechtliche Beziehungen zwischen

13 Vgl. §§ 2318 (I,) II, III, 2319, 2328 BGB.

14 Vgl. BGHZ 28, 177, 179; Staudinger/*Haas*, BGB, Bearb. 2006, § 2314 Rn. 19.

15 Vgl. Bamberger/Roth/*J. Mayer*, BGB, 2. Aufl., § 2303 Rn. 1; Staudinger/*Haas*, BGB, Bearb. 2006, Einl. zu §§ 2303 ff Rn. 1 ff; MüKo/*K. Lange*, BGB, 5. Aufl., § 2303 Rn. 1; Soergel/*Dieckmann*, BGB, 13. Aufl., § 2303 Rn. 1 ff.

16 Im Fall der bedingten oder beschränkten Erbeinsetzung oder der Vermächtnisaussetzung hat es der Pflichtteilsberechtigte in der Hand, ob er durch Ausschlagung den Pflichtteilsanspruch entstehen lässt (§§ 2306 I, 2307 I 1 BGB).

diesem und den an seinem dereinstigen Nachlasse pflichtteilsberechtigten Personen begründet."[17] In frühen Entscheidungen des Bundesgerichtshofs wurde in diesem Sinne angedeutet, dass es bereits vor dem Erbfall derartige subjektive Rechte gebe.[18]

In einer aktuellen Entscheidung bezeichnete der Bundesgerichtshof das Pflichtteilsrecht vor dem Erbfall als bestehendes Rechtsverhältnis zwischen Erblasser und Pflichtteilsberechtigtem.[19] Ohne (ausdrücklich) ein subjektives Recht anzunehmen, wird in der heutigen Literatur mitunter von „gewissen Rechtswirkungen" schon vor dem Erbfall gesprochen.[20]

Bei genauer Betrachtung ist meines Erachtens wie folgt zu unterscheiden: Die rechtlichen Beziehungen vor dem Erbfall ergeben sich daraus, dass über das *künftige* Pflichtteilsrecht Rechtsgeschäfte vorgenommen werden und nicht daraus, dass das Pflichtteilsrecht selbst ein Rechtsverhältnis mit bereits bestehenden rechtlichen Befugnissen ist oder begründet.[21] Danach sind die „rechtlichen Beziehungen" oder „Rechtswirkungen" vor dem Erbfall ein Reflex des *künftigen* Pflichtteilsrechts, aber nicht das Pflichtteilsrecht *selbst* als Rechtsverhältnis zwischen Personen und schon gar nicht als gegenwärtiges subjektives Recht mit Befugnissen im Sinne einer Rechtsmacht. Sonst würde sich die nicht zu beantwortende Frage stellen, zu was ein *gegenwärtiges und bestehendes* Pflichtteilsrecht *vor* dem Erbfall berechtigen sollte.[22] Da das Pflichtteilsrecht

---

17 RGZ 92, 1, 4. Ebenso BGHZ 28, 177, 178: „Das Pflichtteilsrecht äußert schon zu Lebzeiten des Erblassers rechtliche Wirkungen … ."

18 Vgl. BGHZ 1, 343, 349: „Das Erbrecht und das Pflichtteilsrecht sind zwar schon zu Lebzeiten des Erblassers als bestehende subjektive Rechte anzusehen, nicht aber gilt das gleiche für die erst mit dem Tode des Erblassers zur Entstehung gelangenden Erb- und Pflichtteilsansprüche". Es ist zu vermuten, dass der BGH von diesem Standpunkt abgerückt ist. Denn die Entscheidung wurde in BGHZ 28, 177 nicht aufgegriffen, obwohl es auch dort auf die Unterscheidung von Pflichtteilsrecht und Pflichtteilsanspruch ankam.

19 Vgl. BGHZ 158, 226, 227. Ebenso: MüKo/*K. Lange*, BGB, 5. Aufl., § 2303 Rn. 15; *Muscheler*, Erbrecht II, S. 2131.

20 Soergel/*Dieckmann*, BGB, 13. Aufl., vor § 2303 Rn. 4; RGRK/*Johannsen*, BGB, 12. Aufl., Vorb. zu §§ 2303 ff Rn. 6; Palandt/*Weidlich*, BGB, 71. Aufl., § 2303 Rn. 6.

21 Es ist bereits fraglich, ob ein Rechtsverhältnis ohne subjektives Recht überhaupt angenommen werden kann. Vgl. *Larenz*, BGB AT, 7. Aufl., S. 196, wonach ein Rechtsverhältnis stets mindestens ein subjektives Recht umfasst.

22 Die in diesem Zusammenhang mitunter angeführte Ungewissheit, ob der Pflichtteilsprätendent den Erbfall überhaupt erleben wird (vgl. etwa MüKo/*Leipold*, BGB, 5. Aufl., § 1922 Rn. 137), ist dabei meines Erachtens aber nicht von großer Bedeutung

nicht übertragen oder vererbt werden kann, hilft es auch nicht weiter, wenn diesbezüglich ein Anwartschaftsrecht angenommen wird.[23] Bei dem Pflichtteils*anspruch* wird unabhängig von dieser Frage ohnehin eine antizipierte Abtretung im Rahmen des § 311b IV, V BGB ganz überwiegend für möglich erachtet.[24] Dies gibt aber keinen Anlass, ein gegenwärtiges und bestehendes Recht anzunehmen, da die antizipierte Abtretung gerade ein künftiges Recht betrifft.

Zutreffend wird daher von einem Teil der Literatur davon ausgegangen, dass das Pflichtteilsrecht vor dem Erbfall kein subjektives Recht oder Anwartschaftsrecht ist.[25] Damit im Einklang steht auch, dass der Erb- bzw. Pflichtteilsverzicht weithin so verstanden wird, dass nicht ein bestehendes Recht beseitigt, sondern die Entstehung eines künftigen Rechts verhindert wird.[26]

Die „Rechtsstellung"[27], genauer gesagt, die Aussicht des zukünftig Pflichtteilsberechtigten vor dem Erbfall, lässt sich daher so beschreiben, dass das Pflichtteilsrecht im *objektiven* Sinn derart ausgestaltet ist, dass der Erblasser gegen den Willen des (künftig) Berechtigten grundsätzlich nicht die Entstehung und den Umfang der

---

für die Frage nach einem subjektiven Recht bzw. Anwartschaftsrecht. Denn die Nichtvererblichkeit eines Rechts verhindert nicht die Annahme von Befugnissen im Sinne einer Rechtsmacht. Auch die Frage, ob der dereinstige Nachlass (noch) aktiv sein wird, ändert nichts daran, dass der Pflichtteilsberechtigte jedenfalls das Auskunftsrecht (§ 2314 BGB) geltend machen könnte. Solche Befugnisse erkennt das Pflichtteilsrecht vor dem Erbfall jedoch nicht an.

23 Vgl. ausführlich zum Streitstand in der älteren Literatur *v. Lübtow*, Erbrecht I, S. 547 ff. Die darüber hinausgehende Unterscheidung in der älteren Literatur (*von Tuhr*, BGB AT, S. 185; *Oertmann*, Die Rechtsbedingung, S. 35 f), ob eine Anwartschaft oder ein Anwartschafts*recht* anzunehmen ist, führt aufgrund der nicht gegebenen Befugnisse ebenfalls nicht weiter.

24 *J. Mayer*, ZEV 1996, 441, 445; Staudinger/*Wufka*, BGB, Bearb. 2006, § 311b Abs. 4 und 5 Rn. 32 mNw.; MüKo/*K. Lange*, BGB, 5. Aufl., § 2317 Rn. 9; *v. Lübtow*, Erbrecht I, S. 550.

25 *v. Lübtow*, Erbrecht I, S. 547 ff, 554 (kein subjektives Recht); Staudinger/*Haas*, BGB, Bearb. 2006, Einl. zu §§ 2303 ff Rn. 30; MüKo/*Leipold*, BGB, 5. Aufl. § 1922 Rn. 137; *H. Lange/Kuchinke*, Erbrecht, 5. Aufl., S. 183; Erman/*W. Schlüter*, BGB, 12. Aufl., Vorb. zu §§ 2303 ff Rn. 2 (2. i.).

26 Staudinger/*Schotten*, BGB, Bearb. 2004, Einl. zu §§ 2346 ff Rn. 17; Bamberger/Roth/*J. Mayer*, BGB, 2. Aufl., § 2346 Rn. 2; MüKo/*Wegerhoff*, BGB, 5. Aufl., § 2346 Rn. 2; **aA.** *H. Lange/Kuchinke*, Erbrecht, 5. Aufl., S. 183; Soergel/*Damrau*, BGB, 13. Aufl., § 2346 Rn. 1, wonach auf die gegenwärtige Erbchance, im vorliegenden Fall also auf die Chance auf das Pflichtteilsrecht, verzichtet wird.

27 Der Begriff ist in diesem Zusammenhang insofern ungenau, als tatsächlich noch kein Recht besteht.

sich aus dem *objektiven* Pflichtteilsrecht beim Erbfall ergebenden *subjektiven* Rechte verhindern oder beeinträchtigen kann. Deshalb besteht vor dem Erbfall eine rechtlich gesicherte Aussicht auf den Pflichtteil, die jedoch kein subjektives Recht bzw. Anwartschaftsrecht darstellt.

2. Verfassungsrechtliche Dimension

Das Pflichtteilsrecht (§§ 2303 ff BGB) beschränkt naturgemäß die von der Erbrechtsgarantie (Art. 14 I 1 GG) gewährleistete Testierfreiheit des Erblassers.[28] Aus verfassungsrechtlicher Sicht handelt es sich dabei allerdings nicht lediglich um eine Inhalts- und Schrankenbestimmung im Sinne des Art. 14 I 2 GG, sondern es ist unter dem Aspekt der erbrechtlichen Gebundenheit des Vermögens[29] innerhalb der Familie ebenfalls durch die Erbrechtsgarantie gemäß Art. 14 I 1 GG verfassungsrechtlich gewährleistet.[30] Das Pflichtteilsrecht ist dadurch nicht unveränderlich, auch ist nicht zwingend die Gewährung eines schuldrechtlichen Zahlungsanspruchs geboten, es muss aber eine grundsätzlich unentziehbare und bedarfsunabhängige wirtschaftliche Mindestbeteiligung der Abkömmlinge des Erblassers am Nachlass gewahrt sein.[31] Dieses Spannungsverhältnis zwischen der Testierfreiheit und dem Pflichtteilsrecht ist also durch das einfache Recht in einen Ausgleich zu bringen, bei dem keines dieser Prinzipien unverhältnismäßig

---

28 BVerfGE 112, 332, 348 ff; *Boehmer*, in: Neumann/Nipperdey/Scheuner II, S. 410, 415; Staudinger/*Otte*, BGB, Bearb. 2008, Einl. zu §§ 1922 ff Rn. 72 ff; Maunz/Dürig/*Papier*, GG, Bearb. Juni 2002, Art. 14 Rn. 302; Münch/Kunig/*Bryde*, GG, 5. Aufl., Art. 14 Rn. 48; Sachs/*Wendt*, GG, 6. Aufl., Art. 14 Rn. 200.

29 Die Bezeichnung und die verfassungsrechtliche Ableitung der Familiengebundenheit des Vermögens unterscheidet sich in Rechtsprechung und Literatur. Im Ergebnis ist sich die hM. aber einig, dass das Pflichtteilsrecht verfassungsrechtlich durch Art. 14 I 1 GG, Art. 14 I 1 iVm. 6 I GG oder Art. 6 I GG gewährleistet ist. Vgl. dazu Staudinger/*Otte*, Bearb. 2008, Einl. zu §§ 1922 ff Rn. 78 ff, 84.

30 BVerfGE 112, 332, 349 ff; BGHZ 98, 226, 233; 109, 306, 313; *Boehmer*, in: Neumann/Nipperdey/Scheuner II, S. 410, 417; *Otte*, AcP 202, 317, 318 ff; Staudinger/*Otte*, BGB, Bearb. 2008, Einl. zu §§ 1922 ff Rn. 78 ff, 84; Maunz/Dürig/*Papier*, GG, Bearb. Juni 2002, Art. 14 Rn. 302; Sachs/*Wendt*, GG, 6. Aufl., Art. 14 Rn. 200; MüKo/*Leipold*, BGB, 5. Aufl., Einl. zu §§ 1922 ff Rn. 42; **aA.** *Muscheler*, Erbrecht I, S. 145 f; Dreier/*Wieland*, GG, 2. Aufl., Art. 14 Rn. 67.

31 BVerfGE 112, 332, 349 ff, 354; *Otte*, JZ 2005, 1007, 109; Staudinger/*Otte*, BGB, Bearb. 2008, Einl. zu §§ 1922 ff Rn. 84 ff, 86.

beschränkt wird.[32] Eine Erweiterung der Testierfreiheit, die eine weitgehend freie Entziehung oder Beschränkung des Pflichtteilsrechts zulassen würde, wäre daher verfassungswidrig.[33] Umgekehrt darf auch die Testierfreiheit nicht etwa durch eine außerordentliche Erhöhung der Pflichtteilsquote ausgehöhlt werden. Das (vorbehaltlich der zwischenzeitlich erfolgten Gesetzesänderungen) geltende Pflichtteilsrecht genügt aber nach Auffassung des Bundesverfassungsgerichts[34] und dem überwiegenden Teil der Literatur[35] grundsätzlich diesen Anforderungen.

---

32 Vgl. Jarass/Pieroth/*Jarass*, GG, 9. Aufl., Art. 14 Rn. 96.

33 *Boehmer*, in: Neumann/Nipperdey/Scheuner II, S. 410, 417.

34 BVerfGE 91, 346, 360; 112, 332, 354.

35 Staudinger/*Otte*, BGB, Bearb. 2008, Einl. zu §§ 1922 ff Rn. 83; Dreier/*Wieland*, GG, 2. Aufl., Art. 14 Rn. 67; Münch/Kunig/*Bryde*, GG, 5. Aufl., Art. 14 Rn. 48; Jarass/Pieroth/*Jarass*, GG, 9. Aufl., Art. 14 Rn. 96; *Gaier*, in: Reformfragen des Pflichtteilsrechts, S. 161, 163 ff; **aA.** nur *Petri*, ZRP 1993, 205, 206. Einige Stimmen stehen der verfassungsrechtlichen Gewährleistung des Pflichtteilsrechts kritisch gegenüber, gehen aber nicht soweit, Verfassungswidrigkeit anzunehmen, vgl. Sachs/*Wendt*, GG, 6. Aufl., Art. 14 Rn. 200; Bamberger/Roth/*J. Mayer*, BGB, 2. Aufl., § 2303 Rn. 3 ff; Soergel/*Stein*, BGB, 13. Aufl., Einl. zu §§ 1922 ff Rn. 4 ff.

C. Die nachträgliche Bestimmung der Anrechnung einer Zuwendung auf den Pflichtteil, § 2315 BGB

Der bereits angesprochene Entwurf der Bundesregierung eines Gesetzes zur Änderung des Erb- und Verjährungsrechts vom 30.01.2008, der in dieser Form nicht Gesetz geworden ist, sah vor, die Möglichkeiten zur Bestimmung der Anrechnung einer Zuwendung auf den Pflichtteil zu erweitern (§ 2315 I BGB-RegE[36]). Die Anrechnung von Zuwendungen auf den Pflichtteil (§ 2315 BGB) ist ein Instrument der sogenannten vorweggenommenen Erbfolge, um den künftigen Pflichtteilsanspruch des pflichtteilsberechtigten Zuwendungsempfängers um den Wert der Zuwendung zu mindern.[37] Auf die gesetzliche Erbfolge hat die Anrechnung in der Regel keine Auswirkungen, da ausschließlich der Pflichtteil vermindert wird.[38] Erst im Zusammenspiel mit einer entsprechenden Verfügung von Todes wegen, nach der der Zuwendungsempfänger enterbt ist oder weniger erhält als die Hälfte seines gesetzlichen Erbteils, und bei umfangreichen Schenkungen des Erblassers an einen Dritten[39] macht sich die Anrechnung dadurch bemerkbar, dass der Zuwendungsempfänger beim Erbfall nicht seinen (vollen) Pflichtteilsanspruch gegen die Erben geltend machen kann.

Um die Anrechnung einer Zuwendung auf den Pflichtteil nach gegenwärtiger Rechtslage wirksam zu bestimmen, muss der Erblasser spätestens bei Vornahme der Zuwendung dem pflichtteilsberechtigten Zuwendungsempfänger die Anrechnung erklären (§ 2315 I BGB).[40] Da eine derartige Minderung des Pflichtteilsanspruchs sonst nur mittels eines Pflichtteilsverzichts (§ 2346 II BGB) in der Form

---

36 BGB-RegE bezieht sich im Folgenden auf den Entwurf eines Gesetzes zur Änderung des Erb- und Verjährungsrechts der Bundesregierung vom 30.01.2008.

37 Der Wert der Zuwendung wird dabei zur Bestimmung des Pflichtteils dem Nachlass hinzugerechnet (§ 2315 I 1 BGB). Er bestimmt sich nach dem Zeitpunkt der Zuwendung (§ 2315 I 2 BGB).

38 Vgl. Staudinger/*Haas*, BGB, Bearb. 2006, § 2315 Rn. 3.

39 Die Anrechnung wirkt sich gemäß § 2327 I 2 BGB auch auf die Pflichtteilsergänzung (§§ 2325 ff BGB) aus.

40 RGZ 67, 306, 309 f; *J. Mayer*, ZEV 1996, 441, 442; *Thubauville*, MittRhNotK 1992, 289, 296; *Sostmann*, MittRhNotK 1976, 479, 482; Staudinger/*Haas*, BGB, Bearb. 2006, § 2315 Rn. 17; Soergel/*Dieckmann*, BGB, 13. Aufl., § 2315 Rn. 6; MüKo/*K. Lange*, BGB, 5. Aufl., § 2315 Rn. 10; Bamberger/Roth/*J. Mayer*, BGB, 2. Aufl., § 2315 Rn. 6; vgl. auch BGH, ZEV 2010, 33, 34.

des § 2348 BGB möglich ist,[41] soll der Zuwendungsempfänger bei Erklärung der Anrechnung deren Bedeutung erkennen können, um die Zuwendung gegebenenfalls noch zurückweisen zu können.[42]

Hiervon abweichend sah der Regierungsentwurf vor, dass die Anrechnungsbestimmung auch noch nachträglich durch Verfügung von Todes wegen getroffen werden kann.[43] Danach hätte der Erblasser jede an einen Pflichtteilsberechtigen vorbehaltlos geleistete Zuwendung später als anrechnungspflichtig bestimmen können. Um den Zuwendungsempfänger dagegen abzusichern, wäre eine erbvertragliche Verfügung nötig gewesen, welche die nachträgliche Anrechnung ausgeschlossen hätte (§ 2278 II Nr. 4 BGB-RegE).[44]

I. Verfassungsrechtlicher Ausgleich zwischen der Testierfreiheit und dem Pflichtteilsrecht

Wie gesehen ist der Pflichtteilsberechtigte grundsätzlich vor einer Entziehung der Nachlassteilhabe durch den Erblasser geschützt, und dies ist auch verfassungsrechtlich gewährleistet.[45] Eine Gesetzesänderung, die durch die nachträgliche Anrechnung von Zuwendungen den Ausschluss des künftigen Pflichtteilsanspruchs ermöglicht, könnte die verfassungsrechtliche Gewährleistung des Pflichtteilsrechts aber bereits verletzen, ohne dass eine Rückwirkung der Neuregelung vorliegt. Um speziell die Folgen der Rückwirkung untersuchen zu können, ist die nachträgliche Anrechnung deshalb in einem ersten Schritt unter Zurückstellung der übergangsrechtlichen Problematik verfassungsrechtlich zu bewerten. Zu klären ist daher, ob das Institut der nachträglichen Anrechnung einer Zuwendung auf den Pflichtteil den verfassungsrechtlichen Vorgaben genügt. Die nachträgliche Anrechnung auf den Pflichtteil muss also den Grundsatz der Verhältnismäßigkeit

---

41 Vgl. BGH, ZEV 2010, 33, 34.

42 Bamberger/Roth/*J. Mayer*, BGB, 2. Aufl., § 2315 Rn. 6.

43 § 2315 I BGB sollten dazu folgende Sätze angehängt werden: „Gleiches gilt, wenn der Erblasser die Anrechnung nachträglich bestimmt hat. Der Erblasser kann seine Anordnungen über die Anrechnung nachträglich ändern. Nachträgliche Anordnungen erfolgen durch Verfügung von Todes wegen.“ Vgl. Art. 1 Nr. 23 Entwurf eines Gesetzes zur Änderung des Erb- und Verjährungsrechts der Bundesregierung vom 30.1.2008.

44 Begründung B. Art. 1 Nr. 23 Entwurf eines Gesetzes zur Änderung des Erb- und Verjährungsrechts der Bundesregierung vom 30.1.2008.

45 Vgl. oben B.

wahren und insbesondere nicht den Zweck des Pflichtteilsrechts als grundsätzlich unentziehbarer und bedarfsunabhängiger wirtschaftlicher Mindestbeteiligung der Abkömmlinge des Erblassers am Nachlass vereiteln.[46]

1. Legitimer Zweck

Bei der formellen Gesetzgebung kann innerhalb des durch die Verfassung gezogenen Rahmens der Zweck eines Gesetzes frei bestimmt werden.[47] Als Anlass für eine Stärkung der Rechte des Erblassers wurde im Regierungsentwurf auf die gesellschaftliche Entwicklung und auf veränderte Wertvorstellungen verwiesen, wie eine stärkere Berücksichtigung der Persönlichkeitsrechte des Einzelnen und eine größere Verbreitung nicht traditionell vorgegebener Lebensentwürfe.[48] Speziell für die nachträgliche Anrechnung einer Zuwendung wurde angeführt, der Erblasser mache sich im Zeitpunkt der Zuwendung regelmäßig keine näheren Gedanken über eine Anrechnung auf den Pflichtteil und bei Errichtung eines Testaments sei es dann zu spät für eine derartige Bestimmung.[49] Die Praxis bestätigt, dass solche Fälle tatsächlich nicht selten sind.[50] Bereits im Jahr 1903 vermutete *Strohal*, der Anrechnung werde - wegen des Erfordernisses ihrer Bestimmung (spätestens) mit Vornahme der Zuwendung - nur eine „sehr untergeordnete praktische Bedeutung zukommen".[51] Mit der Gestattung der nachträglichen Anrechnungsbestimmung sollte dem Erblasser die Möglichkeit gegeben werden, bei der Regelung seiner Vermögensnachfolge auf vergangene Zuwendungen noch reagieren zu können. Im Ergebnis hätte dies die Testierfreiheit des Erblassers gestärkt.[52] Die Erweiterung der Testierfreiheit ist aufgrund ihrer verfassungsrechtlichen Gewährleistung durch die Erbrechtsgarantie[53] (Art. 14 I 1 GG) legitim.

---

46 Vgl. oben B.II.2.

47 Maunz/Dürig/*Grzeszick*, GG, Bearb. Nov. 2006, Art. 20 VII Rn. 111; Dreier/*Schulze-Fielitz*, GG, 2. Aufl., Art. 20, Rechtsstaat, Rn. 181; Sachs/*Sachs*, GG, 6. Aufl., Art. 20 Rn. 149.

48 Vgl. A. Entwurf eines Gesetzes zur Änderung des Erb- und Verjährungsrechts der Bundesregierung vom 30.1.2008.

49 Begründung B. Art. 1 Nr. 23 Entwurf eines Gesetzes zur Änderung des Erb- und Verjährungsrechts der Bundesregierung vom 30.1.2008.

50 Vgl. etwa *J. Mayer*, ZEV 1996, 441.

51 *Strohal*, Erbrecht I, 3. Aufl., S. 466.

52 Begründung B. Art. 1 Nr. 23 Entwurf eines Gesetzes zur Änderung des Erb- und Verjährungsrechts der Bundesregierung vom 30.1.2008.

53 Vgl. oben B.II.2.

2. Geeignetheit

Die gesetzliche Regelung muss geeignet sein, den erstrebten Zweck zu erreichen. Das ist der Fall, wenn mit ihrer Hilfe der gewünschte Erfolg gefördert wird.[54] Da die Testierfreiheit des Erblassers durch das Pflichtteilsrecht eingeschränkt wird,[55] wäre sie mit der Verringerung der Pflichtteilsansprüche durch erweiterte Anrechnungsmöglichkeiten gestärkt worden.

3. Erforderlichkeit

Die Neuregelung muss außerdem erforderlich sein, um den erstrebten Zweck zu erreichen. Es darf also kein anderes, gleich wirksames, aber das Grundrecht nicht oder weniger stark einschränkendes Mittel geben.[56] Um die Testierfreiheit des Erblassers gegenüber dem Pflichtteilsberechtigten auf andere Weise zu stärken, käme etwa eine grundsätzliche Verringerung der Pflichtteilsquote in Betracht. Das wäre jedoch eine intensivere Einschränkung des Pflichtteilsrechts, da dem Pflichtteilsberechtigten im Fall ihrer nachträglichen Anrechnung noch die Zuwendung selbst verbleibt, die (zusammen mit dem restlichen Pflichtteilsanspruch) dem wirtschaftlichen Wert des vollen Pflichtteils entspricht. Der Pflichtteilsberechtigte wird deshalb wirtschaftlich in gleicher Höhe am Vermögen des Erblassers beteiligt, wie wenn er seinen Pflichtteil erhalten würde. Im Gegensatz dazu würde der Pflichtteilsberechtigte, dem eine niedrigere Pflichtteilsquote zusteht, im Fall der Enterbung insgesamt weniger erhalten. Außerdem wären durch eine Absenkung der Pflichtteilsquote ebenfalls Pflichtteilsberechtigte betroffen, denen keine Zuwendung zuteilwurde.

Auch eine gesetzliche Anrechnungspflicht, die bei jeder Zuwendung des Erblassers an einen Pflichtteilsberechtigten eingriffe, wäre eine stärkere Beeinträchtigung. In vielen Fällen wird der Erblasser von einer Anrechnung nicht Gebrauch machen, selbst wenn er die Möglichkeit dazu hat. Die Regelung ist deshalb das mildeste Mittel, den erstrebten Zweck zu erreichen.

---

54 BVerfGE 30, 292, 316; 90, 145, 172 f; 96, 10, 21 ff; Maunz/Dürig/*Grzeszick*, GG, Bearb. Nov. 2006, Art. 20 VII Rn. 112; Dreier/*Schulze-Fielitz*, GG, 2. Aufl., Art. 20, Rechtsstaat, Rn. 182; Sachs/*Sachs*, GG, 6. Aufl., Art. 20 Rn. 150.

55 Vgl. oben B.II.2.

56 BVerfGE 30, 292, 316; 90, 145, 172 f; 96, 10, 21 ff; Maunz/Dürig/*Grzeszick*, GG, Bearb. Nov. 2006, Art. 20 VII Rn. 113 ff; Dreier/*Schulze-Fielitz*, GG, 2. Aufl., Art. 20, Rechtsstaat, Rn. 183; Sachs/*Sachs*, GG, 6. Aufl., Art. 20 Rn. 152 f.

4. Verhältnismäßigkeit im engeren Sinne

Die Beeinträchtigung durch die gesetzliche Regelung darf dabei nicht außer Verhältnis zum verfolgten Zweck stehen, sie muss angemessen sein.[57] Besondere Bedeutung hat also, ob die grundsätzlich unentziehbare und bedarfsunabhängige Mindestbeteiligung der Abkömmlinge am Nachlass des Erblassers in Gestalt des Pflichtteilsrechts noch gewahrt ist.[58]

a. Faktische Entziehung des Pflichtteils durch nachträgliche Anrechnung?

Die nachträgliche Anrechnung einer Zuwendung könnte zu einer faktischen Entziehung des Pflichtteilsanspruchs führen und damit gegen die grundsätzliche Unentziehbarkeit des Pflichtteilsrechts verstoßen. Unter einer „Entziehung" ist im rechtlichen Sinn der zur Aufhebung, Übertragung oder Wegnahme führende Zugriff auf ein Recht oder einen anderen Gegenstand zu verstehen.[59] Maßgeblich ist, dass dieser Zugriff ohne oder gegen den Willen des Berechtigten vorgenommen werden kann. Es kommt also darauf an, ob der Pflichtteilsberechtigte einer Minderung des Pflichtteilsanspruchs durch eine nachträgliche Anrechnung entgehen kann oder ob dies allein vom Willen des Erblassers abhängt.

De lege lata kann der Pflichtteilsberechtigte der Anrechnung auf den Pflichtteil dadurch begegnen, dass er im Fall einer bei der Zuwendung erklärten Anrechnungsbestimmung die Zuwendung ablehnt.[60] Dadurch hat er es in der Hand, ob er sich seines Pflichtteilsanspruchs begibt, da seine Mitwirkung erforderlich ist. Im Fall der Minderung des Pflichtteils durch die Bestimmung der Anrechnung *bei* Zuwendung liegt damit keine Entziehung vor.

Will sich der Pflichtteilsberechtigte vor einer nachträglichen Anrechnung, wie sie im Gesetzesentwurf vorgesehen war, schützen, darf er hingegen keinerlei Zuwendungen des Erblassers annehmen. Denn an die nachträgliche Anrechnungsbestimmung sind bis auf das Formerfordernis der Verfügung von Todes wegen und dem Vorliegen einer Zuwendung keine weiteren Tatbestandsvoraussetzungen

---

57 BVerfGE 102, 1, 20; 109, 279, 349 ff; 113, 348, 382; 118, 168, 195 ff; Maunz/Dürig/*Grzeszick*, GG, Bearb. Nov. 2006, Art. 20 VII Rn. 117 ff; Dreier/*Schulze-Fielitz*, GG, 2. Aufl., Art. 20, Rechtsstaat, Rn. 184 ff; Sachs/*Sachs*, GG, 6. Aufl., Art. 20 Rn. 154 ff.

58 Vgl. oben B.II.2.

59 Meyers Enzyklopädisches Lexikon Band 7, 9. Aufl., S. 865.

60 Staudinger/*Haas*, BGB, Bearb., 2006, § 2315 Rn. 30; Bamberger/Roth/*J. Mayer*, BGB, 2. Aufl., § 2315 Rn. 6; MüKo/*K. Lange*, BGB, 5. Aufl., § 2315 Rn. 17.

geknüpft. Der Erblasser kann also frei verfahren. Dass sich der Pflichtteilsberechtigte bei (allen) Zuwendungen um den Abschluss eines Erbvertrages bemüht, nach dem die jeweilige Zuwendung nicht nachträglich auf den Pflichtteil angerechnet werden darf (§ 2278 II Nr. 4 BGB-RegE), so wie es in der Begründung des Regierungsentwurfs empfohlen wird,[61] ist ein nur theoretisch möglicher Schutz. Ebenso lebensfremd ist die Annahme, dass der pflichtteilsberechtigte Zuwendungsempfänger sonst stets mit einer nachträglichen Anordnung rechnen wird, sich im Grunde genommen also mit ihr einverstanden erklärt. Wenn sich in der Praxis schon der Erblasser in aller Regel keine Gedanken um eine Anrechnung macht, obwohl er sich bei umfangreicheren Zuwendungen möglicherweise bereits mit seiner Vermögensnachfolge auseinandersetzt, wird es der Zuwendungsempfänger, dem Gedanken über erbrechtliche Beweggründe noch ferner liegen, erst recht nicht tun. Nur bei Zuwendungen, die durch einen Notar beurkundet werden (Grundstück, Gesellschaftsanteil etc.), müsste über die Möglichkeit der nachträglichen Anrechnung aufgeklärt werden. In solchen Fällen wird aber jetzt schon der Erblasser über die Bedeutung der Anrechnung bei der Vornahme der Zuwendung aufgeklärt.[62] Selbst wenn dem Zuwendungsempfänger die nachträgliche Anrechnungsmöglichkeit und der Schutz davor doch bekannt sein sollte, bleibt es bei einer schlechten Verhandlungsposition: Er wird die Gunst des Erblassers nicht durch einen zusätzlichen Vertrag, der als Erbvertrag der notariellen Form bedarf (§ 2276 BGB), überstrapazieren wollen. Gegebenenfalls wird ihn der Erblasser auch schlicht vor die Wahl stellen, die Zuwendung ohne Ausschluss der nachträglichen Anrechnung anzunehmen oder nicht zu erhalten.

Gleichwohl muss der Pflichtteilsberechtigte eine Zuwendung *annehmen*, damit die nachträgliche Anrechnung möglich ist. Letztlich kann sein Pflichtteil also auch im Fall der nachträglichen Anrechnung nicht ohne seine Mitwirkung beeinträchtigt werden. Im Ergebnis findet also eine Risikoverlagerung statt: Das Kennenmüssen des Instruments der Anrechnung und die Obliegenheit zum Tätigwerden verschieben sich vom Erblasser auf den Pflichtteilsberechtigten. *De lege lata* führt die Untätigkeit bei der Vornahme der Zuwendung zu einem Nachteil

---

61 Vgl. Begründung B. Art. 1 Nr. 23 Entwurf eines Gesetzes zur Änderung des Erb- und Verjährungsrechts der Bundesregierung vom 30.1.2008.

62 Unbefriedigende Ergebnisse sind *de lege lata* oft auf eine unpräzise Anordnung zurückzuführen. In der Praxis wird vereinzelt noch die Formulierung „im Wege der vorweggenommenen Erbfolge“ verwendet, ohne dass eine nähere Erläuterung der gewünschten Rechtswirkung erfolgt. Vgl. BGH, ZEV 2010, 190, 191 ff zu den vielen Möglichkeiten bei der Auslegung einer derartigen Klausel und den bedeutenden Unterschieden auf der Rechtsfolgenseite, die den Streitfall vorprogrammieren.

für den Erblasser, *de lege ferenda* führt sie zu einem Nachteil für den Pflichtteilsberechtigten. Es liegt damit in seiner Verantwortung, ob er sich im Fall einer Zuwendung mit den möglichen Rechtsfolgen auseinandersetzt. Diese Risikoverlagerung führt aber noch nicht zu der grundsätzlichen Entziehbarkeit des Pflichtteilsanspruchs.

aa. Nachträgliche Anrechnung einer Zuwendung einem Minderjährigen gegenüber

Es gibt allerdings Fälle, in denen vom Pflichtteilsberechtigten nicht erwartet werden kann, der nachträglichen Anrechnung durch Ablehnung der Zuwendung zu begegnen. Namentlich bei einer Zuwendung eines Elternteils an sein minderjähriges Kind stellt sich diese Problematik. Eine unentgeltliche Zuwendung (in der Regel eine Schenkung) von der Mutter oder dem Vater ist *de lege lata* lediglich rechtlich vorteilhaft und kann daher durch ein beschränkt geschäftsfähiges Kind selbst angenommen werden (§ 107 BGB).[63] Da § 2315 I BGB-RegE nicht danach differenziert, ob die Zuwendung von einem nicht voll geschäftsfähigen Pflichtteilsberechtigten angenommen wurde, könnte bei *wirksamer Zuwendung* die Anrechnung später also ohne weiteres bestimmt werden. Zwar kann das Kind die Zuwendung auch ablehnen. Von einem Minderjährigen darf aber nicht verlangt werden, die erbrechtlichen Folgen einer Zuwendung zu überblicken und abzuwägen. Darüber hinaus ist die Mitwirkung des minderjährigen Kindes bei der Annahme der Zuwendung nicht erforderlich. Nach ganz überwiegender Auffassung wird trotz der Regelung der §§ 1629 II 1, 1795 I Nr. 1, 181 BGB[64] ein Insichgeschäft der Eltern[65] in Vertretung des beschränkt geschäftsfähigen oder

---

63 Staudinger/*Knothe*, BGB, Bearb. 2004, § 107 Rn. 9; MüKo/*J. Schmitt*, BGB, 5. Aufl., § 107 Rn. 47; Soergel/*Hefermehl*, BGB, 13. Aufl., § 107 Rn. 3; RGRK/ *Krüger-Nieland*, BGB, 12. Aufl., § 107 Rn. 16; Palandt/*Ellenberger*, BGB, 71. Aufl., § 107 Rn. 6; Bamberger/Roth/*Wendtland*, BGB, 2. Aufl., § 107 Rn. 11; *Pentz*, MDR 1998, 1266, 1267. Besondere Eigenschaften des zuzuwendenden Gegenstands können einen rechtlichen Nachteil begründen, der dann im Rahmen einer Gesamtbetrachtung von Kausal- und Verfügungsgeschäft beachtlich ist (BGHZ 78, 28, 34 f).

64 Auch gegenüber den Großeltern – grundsätzlich gegenüber Verwandten in gerader Linie – können die Eltern das Kind nach dem Wortlaut der §§ 1795 I Nr. 1, 1629 II 1 BGB an sich nicht vertreten.

65 Grundsätzlich kann aufgrund des Gesamtvertretungsprinzips (§ 1629 I 2 BGB) nicht ein Elternteil das Kind allein vertreten und dem anderen Elternteil gegenüber das Rechtsgeschäft vornehmen. Vgl. Staudinger/*Schilken*, BGB, Bearb. 2009, § 181 Rn. 18; Soergel/*Leptien*, BGB, 13. Aufl., § 181 Rn. 18.

geschäftsunfähigen[66] Kindes (§ 1629 I BGB) aufgrund einer teleologischen Reduktion des § 181 BGB für zulässig erachtet, wenn das Rechtsgeschäft lediglich rechtlich vorteilhaft ist, da kein Interessenskonflikt bestehe.[67] Ist die Zuwendung lediglich rechtlich vorteilhaft, kann der Erblasser diese also für sein minderjähriges Kind durch zulässiges Insichgeschäft vornehmen und mittels Verfügung von Todes wegen nachträglich die Anrechnung bestimmen.[68] Dies wird in der Literatur zum Gesetzesentwurf einhellig für möglich erachtet und damit begründet, die Annahme eines rechtlichen Nachteils sei nicht aufrecht zu erhalten, wenn der Erblasser die Zuwendung ohnehin nachträglich anrechnen könne, der Minderjährige also nicht geschützt werden könne.[69]

Diese Argumentation ist bedenklich. Wenn eine anrechnungspflichtige Zuwendung nach gegenwärtiger Rechtslage tatsächlich rechtlich nachteilig ist, würde die *wirksame* nachträgliche Anrechnung eine Umgehung des Minderjährigenschutzes darstellen und das Pflichtteilsrecht erheblich einschränken.

bb. Bestimmung der Anrechnung de lege lata

Im Schrifttum zur gegenwärtigen Rechtslage wird eine Zuwendung unter Anrechnungsbestimmung überwiegend als rechtlich nachteilig angesehen, da die Wirkung einem Pflichtteilsverzicht entspreche.[70] Eine solche Zuwendung kann danach

---

66 *J. Mayer*, Der Übergabevertrag, S. 128 (Rn. 137); MüKo/*Schramm*, BGB, 5. Aufl., § 181 Rn. 15; BayObLGZ 1979, 49 f mwN.

67 BGHZ 59, 236, 240; 94, 232, 235 f; Staudinger/*Schilken*, BGB, Bearb. 2009, § 181 Rn. 32; MüKo/*Schramm*, BGB, 5. Aufl., § 181 Rn. 15; Soergel/*Leptien*, BGB, 13. Aufl., § 181 Rn. 27; Bamberger/Roth/*Habermeier*, BGB, 2. Aufl., § 181 Rn. 19; Palandt/*Ellenberger*, BGB, 71. Aufl., § 181 Rn. 9; *Everts*, Rpfleger 2005, 180.

68 Zwar steht die Vertretung des Kindes regelmäßig beiden Elternteilen gemeinschaftlich zu (§ 1629 I 2 BGB). Demnach müssen beide Eltern der Zuwendung zustimmen und der nicht zuwendende Elternteil *könnte* gegebenenfalls die Interessen des Kindes abwägen. Allerdings verständigen sich knapp die Hälfte der Eltern, die nicht miteinander verheiratet sind, nicht über das gemeinsame Sorgerecht. Daher steht die Vertretung oft dennoch nur einem Elternteil zu (vgl. Statistisches Bundesamt 2009, Statistisches Jahrbuch 2009, Tab. 2.23). Darüber hinaus dürfte aber auch zu bezweifeln sein, dass in der Praxis der andere Elternteil eine Zuwendung an das gemeinsame Kind stets einer derart komplexen rechtlichen Würdigung unterziehen würde.

69 *Keim*, ZEV 2008, 161, 165; *Muscheler*, ZEV 2008, 105, 108; *Schaal/Grigas*, BWNotZ 2008, 2, 10.

70 *H. Lange*, NJW 1955, 1339, 1343 (Hier wird bereits der rechtliche Nachteil der *Ausgleichungs*anordnung (§ 2050 III BGB) angenommen.); *H. Lange/Kuchinke*, Erbrecht, 5. Aufl., S. 914; Staudinger/*Haas*, BGB, Bearb. 2006, § 2315

nicht durch den Minderjährigen angenommen werden oder durch Insichgeschäft erfolgen. Zur Annahme der anrechnungspflichtigen Zuwendung wäre die Bestellung eines Ergänzungspflegers erforderlich, der das Kind vertritt (§§ 1909 I 1, 1915 I 1, 1793 I 1 BGB). Zusätzlich wird von einigen Stimmen dieser Auffassung vertreten, dass wegen der dem Pflichtteilsverzicht entsprechenden Wirkung außerdem die familiengerichtliche Genehmigung erforderlich sei.[71] Dieses Erfordernis wird entweder aus einer entsprechenden Anwendung des § 1822 Nr. 2 BGB[72] oder des § 2347 I 1 Hs. 2 BGB[73] hergeleitet.

Die vehement vertretene Gegenauffassung sieht in der Anrechnungsbestimmung hingegen keinen rechtlichen Nachteil, da der Pflichtteilsberechtigte schuldrechtlich nicht verpflichtet werde und wirtschaftlich gleichviel erhalte, bloß zeitlich früher.[74] Letzterer Auffassung schloss sich das Oberlandesgericht Dresden in einer Entscheidung an.[75] Der Bundesgerichtshof hatte bisher noch keine Gelegenheit zur Stellungnahme.

Rn. 26; Bamberger/Roth/*J. Mayer*, BGB, 2. Aufl., § 2315 Rn. 8; *J. Mayer*, Der Übergabevertrag, S. 132 (Rn. 145); MüKo/*K. Lange*, BGB, 4. Aufl., § 2315 Rn. 9; *Muscheler*, Erbrecht II, S. 2180; PWW/*Deppenkemper*, BGB, § 2315 Rn. 1; KK-Erbrecht/*Linder*, BGB, § 2315 Rn. 7; *Nieder*, Handbuch der Testamentsgestaltung, 2. Aufl., S. 182; *Kasper*, Anrechnung und Ausgleichung im Pflichtteilsrecht, S. 26 f; *Otta*, Vorausleistungen auf den Pflichtteil, S. 152.

71 *H. Lange*/*Kuchinke*, Erbrecht, 5. Aufl., S. 914; Staudinger/*Haas*, BGB, Bearb. 2006, § 2315 Rn. 31 f; MüKo/*K. Lange*, BGB, 4. Aufl., § 2315 Rn. 9; Bamberger/Roth/*J. Mayer*, BGB, 2. Aufl., § 2315 Rn. 8; *Nieder*, Handbuch der Testamentsgestaltung, 2. Aufl., S. 182.

72 Staudinger/*Haas*, BGB, Bearb. 2006, § 2315 Rn. 31 f.

73 Bamberger/Roth/*J. Mayer*, BGB, 2. Aufl., § 2315 Rn. 8; MüKo/*K. Lange*, BGB, 4. Aufl., § 2315 Rn. 9; vgl. auch *Keim*, ZEV 2006, 363, 364.

74 *Stürner*, AcP 173, 402, 438 f; *Pentz*, MDR 1998, 1266, 1267 f; *Fembacher*, MittBayNot 2004, 24, 25; Damrau/*Riedel*/*Lenz*, BGB, § 2315 Rn. 4; *Damrau*, Der Minderjährige im Erbrecht, 2. Aufl., S. 39; *Thubauville*, MittRhNotK 1992, 289, 296 f; *Stutz*, MittRhNotK 1993, 205, 212; *Everts*, Rpfleger 2005, 180, 181; Soergel/*Dieckmann*, BGB, 13. Aufl., § 2315 Rn. 7 hält die Annahme eines rechtlichen Nachteils wohl für richtig, den Weg über die Gleichstellung mit einem Pflichtteilsverzicht jedoch für zu weitgehend.

75 OLG Dresden, MittBayNot 1996, 289, 291 unter Verweis auf BGHZ 15, 168, 170 f, obwohl dort nur die Ausgleichung (§§ 2050 ff BGB) Gegenstand der Entscheidung war und der überwiegende Teil des Schrifttums in dieser Frage bereits eine Unterscheidung von Anrechnung und Ausgleichung vertrat. Darüber hinaus wurde als Beleg für diese Auffassung *H. Lange*, NJW 1955, 1339, 1343 zitiert, obwohl er sich *für* den rechtlichen Nachteil ausgesprochen hat.

aaa. Der rechtliche Nachteil der Anrechnungsbestimmung

Tatsächlich hat die Anrechnung auf den Pflichtteil eine ähnliche Wirkung wie ein Pflichtteilsverzicht, der als Verfügungsgeschäft[76] für den Pflichtteilsberechtigten rechtlich nachteilig ist.[77] Ein Unterschied zum (unbeschränkten) Pflichtteilsverzicht ergibt sich aber dadurch, dass die Anrechnung nur in Höhe des Wertes der Zuwendung erfolgt. Es entfällt also nicht pauschal der ganze Pflichtteilsanspruch, sondern er wird nur vermindert, soweit die Zuwendung reicht. Das Risiko des Pflichtteilsverzichts, welches sich aus Unsicherheitsfaktoren wie Wertveränderungen des Vermögens des Erblassers oder des Hinzutretens oder Wegfallens weiterer Pflichtteilsberechtigter ergibt,[78] stellt sich bei der Anrechnung damit nicht in gleichem Maße. An einer Werterhöhung des Erblasservermögens vor dem Erbfall kann der Pflichtteilsberechtigte auch nach einer anrechnungspflichtigen Zuwendung partizipieren, da der Wert des Nachlasses (§ 2311 I 1 BGB) bei der Berechnung gemäß § 2315 II BGB zuzüglich des Wertes der Zuwendung maßgeblich bleibt. Von einem Wegfall anderer Pflichtteilsberechtigter profitiert der Zuwendungsempfänger ebenfalls, da sich dadurch seine Pflichtteilsquote erhöht und damit der Pflichtteilsanspruch, auf den die Zuwendung angerechnet wird.

Die Anrechnung einer Zuwendung und der Pflichtteilsverzicht unterscheiden sich also in ihrer Wirkung, sodass sie beim lediglich rechtlichen Vorteil nicht zwingend gleich zu behandeln sind. Entscheidend sind deshalb die Rechtsnatur und die Wirkung der Anrechnung.

α. Rechtsnatur der Anrechnung einer Zuwendung auf den Pflichtteil

Die Anrechnungsbestimmung ist eine einseitige empfangsbedürftige Willenserklärung, die vor oder bei der Zuwendung[79] erklärt werden kann (§ 2315 I BGB).[80]

---

76 BGHZ 37, 319, 325; Staudinger/*Schotten*, BGB, Bearb. 2004, Einl. zu §§ 2346 ff Rn. 15; MüKo/*Wegerhoff*, BGB, 5. Aufl., § 2346 Rn. 2; Soergel/*Damrau*, BGB, 13. Aufl., § 2346 Rn. 1; Bamberger/Roth/*J. Mayer*, BGB, 2. Aufl., § 2346 Rn. 2.

77 Vgl. Staudinger/*Knothe*, BGB, Bearb. 2004, § 107 Rn. 24.

78 Staudinger/*Schotten*, BGB, Bearb. 2004, Einl. zu §§ 2346 ff Rn. 24 f.

79 Eine Zuwendung in diesem Sinne ist das freiwillige Verschaffen eines Vermögensvorteils unter Lebenden, wodurch das Vermögen des Erblassers gemindert wird. Vgl. Bamberger/Roth/*J. Mayer*, BGB, 2. Aufl., § 2315 Rn. 3; Staudinger/*Haas*, BGB, Bearb. 2006, § 2315 Rn. 9 ff; Soergel/*Dieckmann*, BGB, 13. Aufl., § 2315 Rn. 4; Planck/*Greiff*, BGB, 4. Aufl., § 2315 Anm. 3 a); RGRK/*Kregel*, BGB, 12. Aufl., § 2050 Rn. 14; *J. Mayer*, ZerB 2007, 130, 134; OLG Düsseldorf, ZEV 1994, 173.

80 RG, Seufferts Archiv 76, Nr. 57 (S. 90); OLG Düsseldorf, ZEV 1994, 173; OLG Koblenz, ZErb 2003, 159, 160; Staudinger/*Haas*, BGB, Bearb. 2006, § 2315 Rn. 26;

Ihre Wirkung wird so verstanden, dass die Zuwendung eine besondere rechtliche Beschaffenheit erhält und nur so, wie sie danach beschaffen ist, also als auf den Pflichtteil anrechnungspflichtig angenommen werden kann.[81] Um die Anrechnung zu verhindern, kann der Pflichtteilsberechtigte deshalb nicht die Anrechnungsbestimmung zurückweisen, sondern er muss die Zuwendung ablehnen.[82] Das die Anrechnung auf den Pflichtteil bewirkende Rechtsgeschäft ist also die Annahme der Zuwendung. Regelmäßig ist dies das die Zuwendung vollziehende dingliche Rechtsgeschäft. Bei einem bindenden Schenkungsversprechen kann die anrechnungspflichtige Zuwendung aber auch das schuldrechtliche Geschäft selbst sein.[83]

Der Pflichtteilsanspruch des durch die Anrechnung Betroffenen berechnet sich sodann abweichend von den §§ 2303 I 2, 2311 I 1 BGB aus der Summe des Wertes des Nachlasses und des Wertes der Zuwendung[84] (§ 2315 II 1 BGB), wovon der Wert der Zuwendung anschließend abgezogen wird. Die Anrechnung begründet deshalb keine schuldrechtliche Verpflichtung des Pflichtteilsberechtigten, sondern wird rechnerisch herbeigeführt.[85] Der Pflichtteilsanspruch entsteht mit dem Erbfall (§ 2317 I BGB) also *ipso iure* bereits um den anzurechnenden Betrag vermindert.[86]

Diese Wirkung ist rechtsdogmatisch und damit zur Beurteilung des lediglich rechtlichen Vorteils folgendermaßen einzuordnen: Die Anrechnung bewirkt gemäß § 2315 I, II BGB eine Änderung der Berechnungsart des Pflichtteilsanspruchs. Er bestimmt sich nicht mehr lediglich nach dem Wert des Nachlasses (§ 2311 I 1 BGB), sondern es wird auch der Vorempfang in die Berechnung einbezogen. Damit wird der Inhalt dieses künftigen Rechts geändert.[87] Die Inhaltsänderung wird unmittelbar durch die Annahme der mit der Anrechnungsbestimmung

---

MüKo/*K. Lange*, BGB, 5. Aufl., § 2315 Rn. 10; Bamberger/Roth/*J. Mayer*, BGB, 2. Aufl., § 2315 Rn. 6; Soergel/*Dieckmann*, BGB, 13. Aufl., § 2315 Rn. 6; *Muscheler*, Erbrecht II, S. 2178.

81 RG, Seufferts Archiv 76, Nr. 57 (S. 90); OLG Düsseldorf, ZEV 1994, 173; OLG Koblenz, ZErb 2003, 159, 160; Staudinger/*Haas*, BGB, Bearb. 2006, § 2315 Rn. 26.

82 Staudinger/*Haas*, BGB, Bearb. 2006, § 2315 Rn. 30; MüKo/*K. Lange*, BGB, 5. Aufl., § 2315 Rn. 17; *H. Lange*/*Kuchinke*, Erbrecht, 5. Aufl., S. 914.

83 Vgl. Staudinger/*Haas*, BGB, Bearb. 2006, § 2315 Rn. 10.

84 Der Wert bestimmt sich nach dem Zeitpunkt der Zuwendung (§ 2315 I 2 BGB).

85 Staudinger/*Haas*, BGB, Bearb. 2006, § 2315 Rn. 34.

86 Staudinger/*Haas*, BGB, Bearb. 2006, § 2315 Rn. 59; *Strohal*, Erbrecht I, 3. Aufl., S. 472.

87 Für eine Inhaltsänderung anstelle eines Verzichts spricht, dass in erster Linie nicht auf einen bestimmten Anteil des Pflichtteils verzichtet wird, sondern für die Ermittlung des Pflichtteils ein anderes Berechnungsverfahren bestimmt wird, welches von dem Grundsatz des Stichtagsprinzips (§ 2311 I 1 BGB) abweicht.

versehenen Zuwendung bewirkt, also durch ein Rechtsgeschäft, das Pflichtteilsberechtigter und Erblasser vornehmen. Das Zuwendungsgeschäft, das die Inhaltsänderung herbeiführt, ist somit aus Sicht des Pflichtteilsberechtigten eine *Verfügung*[88] *über seinen künftigen Pflichtteilsanspruch.*[89] Dass dieses Recht ein künftiges und daher ungewisses Recht ist, steht einem solchen Verständnis und insbesondere der unmittelbaren Einwirkung darauf nicht im Wege. Auch sonst werden Verfügungen über künftige Rechte für möglich gehalten.[90] So wird zu Lebzeiten des Erblassers ebenfalls die antizipierte Abtretung des künftigen Pflichtteilsanspruchs unter Einhaltung des § 311b IV, V BGB für zulässig erachtet,[91] wie auch der Erlass des künftigen Pflichtteilsanspruchs gemäß § 397 BGB.[92]

Legt man dieses Verständnis von der Wirkung der Anrechnung zugrunde, dann ist die Annahme der Zuwendung unter Anrechnungsbestimmung, als Verfügung über ein künftiges Recht des Zuwendungsempfängers durch Inhaltsänderung, ein Rechtsnachteil.

β. Vergleich mit der Leistung an Erfüllungs statt

Die Annahme eines Rechtsnachteils wird darüber hinaus durch einen wertenden Vergleich mit der Leistung an Erfüllungs statt (§ 364 BGB) bestätigt. Wie bei der Leistung an Erfüllungs statt nimmt der Pflichtteilsberechtigte bei der Anrechnung

---

88 Unter einer Verfügung ist ein Rechtsgeschäft zu verstehen, durch das der Verfügende auf ein Recht unmittelbar einwirkt, es also entweder auf einen Dritten überträgt oder mit einem Recht belastet oder das Recht aufhebt oder es sonstwie in seinem Inhalt verändert. Vgl. BGHZ 75, 221, 226; 101, 24, 26; Staudinger/*Gursky*, BGB, Bearb. 2004 § 185 Rn. 4; MüKo/*Schramm*, BGB, 5. Aufl., § 185 Rn. 6; RGRK/*Krüger-Nieland*, BGB, 12. Aufl., Vorbm. zu §§ 104 ff Rn. 23 f; Larenz/*Wolf*, BGB AT, 9. Aufl., S. 411.

89 In erster Linie ist der Pflichtteilsanspruch betroffen. Es sind aber auch andere Rechte erfasst, die in ihrer Reichweite von dem rechnerischen Pflichtteilsanspruch abhängen. Daher ist letztlich nicht nur der Pflichtteils*anspruch* von der Anrechnung betroffen (vgl. §§ 2318, 2319, 2328 BGB).

90 Allgemeine Meinung etwa für die Abtretung von künftigen Forderungen. Vgl. BGHZ 53, 60, 63; 108, 98, 104 f; BGH, NJW 1985, 800, 801f; Staudinger/*Busche*, BGB, Bearb. 2005, § 398 Rn. 63 ff; MüKo/*Roth*, BGB, 5. Aufl., § 398 Rn. 79; Bamberger/Roth/*Rohe*, BGB, 2. Aufl., § 398 Rn. 32.

91 *J. Mayer*, ZEV 1996, 441, 445; Staudinger/*Wufka*, BGB, Bearb. 2006, § 311b Abs. 4 und 5 Rn. 32 mNw.; MüKo/*K. Lange*, BGB, 5. Aufl., § 2317 Rn. 9. Vgl. oben B.II.1.

92 *Muscheler*, Erbrecht I, S. 603 f; *Muscheler*, JZ 1997, 851, 853; Staudinger/*Haas*, BGB, Bearb. 2006, § 2317 Rn. 18; Soergel/*Dieckmann*, BGB, 13. Aufl., § 2317 Rn. 5; vgl. auch BGHZ 134, 60, 65 f.

einer Zuwendung auf den Pflichtteil eine andere als die „geschuldete" Leistung an. Unabhängig von dem Streit um die dogmatische Konstruktion,[93] führt die Annahme an Erfüllungs statt nach allen Auffassungen zu einem Rechtsnachteil für den Minderjährigen, da er seine Forderung einbüßt ohne das ursprünglich Geschuldete zu erhalten.[94] Ebenso liegt es bei der Anrechnung auf den Pflichtteil. Der künftige Pflichtteilsanspruch erlischt in Höhe des Wertes der Zuwendung, obwohl nicht das eigentlich „Geschuldete" geleistet wird. Der Unterschied besteht lediglich darin, dass der Anspruch auf den Pflichtteil zu diesem Zeitpunkt noch nicht entstanden ist. Aber auch ein Rechtsgeschäft, das erst künftig einen Rechtsverlust bewirkt, ist bereits bei seiner Vornahme nicht lediglich rechtlich vorteilhaft.

Außerdem wird die Leistung an Erfüllungs statt durch Insichgeschäft nicht als zulässiger Fall der „ausschließlichen Erfüllung einer Verbindlichkeit" im Rahmen des § 181 BGB angesehen.[95] Dies ist ebenfalls mit der Interessenlage bei der Anrechnung einer durch Insichgeschäft erfolgenden Zuwendung vergleichbar.

χ. Die Rechtsprechung des BGH zur Ausgleichungsbestimmung, BGHZ 15, 168

Der Bundesgerichtshof hatte am 10. November 1954 einen Fall zu entscheiden, bei dem es um die Frage des lediglich rechtlichen Vorteils einer Zuwendung unter *Ausgleichungs*anordnung (§ 2050 III BGB) ging.[96] Diese Entscheidung wurde anschließend von einigen Autoren[97] auf die Anrechnungsbestimmung übertragen. Der zweite Zivilsenat entschied, dass eine im Übrigen lediglich rechtlich vorteilhafte Schenkung durch eine Ausgleichungsanordnung nicht rechtlich nachteilig wird: „Eine solche Anordnung begründet nicht wie bei einer Schenkung unter einer Auflage eine schuldrechtliche Verpflichtung des Beschenkten, sondern

---

93 Es wird vertreten, dass die Leistung an Erfüllungs statt entweder entgeltlicher Austauschvertrag, Änderungsvertrag oder Erfüllungsvertrag sei. Vgl. zum Streitstand Staudinger/*Olzen*, BGB, Bearb. 2006, § 364 Rn. 7 ff; MüKo/*Wenzel*, BGB, 5. Aufl., § 364 Rn. 1.

94 *Harder*, JuS 1978, 84, 85; *Esser/Schmidt*, Schuldrecht I, 6. Aufl., S. 261 („verfügender Natur"); *Looschelders*, Schuldrecht AT, 6. Aufl., S. 130; *Larenz/Canaris*, Schuldrecht AT, 14. Aufl., S. 248.

95 AllgM. vgl. Staudinger/*Schilken*, BGB, Bearb. 2009, § 181 Rn. 62 mwN.; Soergel/*Leptien*, BGB, 13. Aufl., § 181 Rn. 43; MüKo/*Schramm*, BGB, 5. Aufl., § 181 Rn. 58; KG, OLGE 8, 32.

96 BGHZ 15, 168 ff.

97 *Thubauville*, MittRhNotK 1992, 289, 295 f; *Pentz*, MDR 1998, 1266, 1268; Damrau/*Riedel/Lenz*, § 2315 Rn. 4; *Damrau*, Der Minderjährige im Erbrecht, 2. Aufl., S. 39; sowie OLG Dresden, MittBayNot 1996, 289, 291.

macht nur deutlich, daß die Schenkung bei der Erbfolge mit berücksichtigt werden soll.“[98] Eine weitergehende Begründung erfolgte nicht. Es wurde insbesondere nicht näher erläutert, welche Wirkung die Ausgleichung für den Pflichtteilsberechtigten hat, wenn die „Schenkung bei der Erbfolge mit berücksichtigt“ wird. Auch auf die Literatur zur Rechtsnatur der Ausgleichung wurde nicht eingegangen. Dies erscheint zunächst ungewöhnlich, da der lediglich rechtliche Vorteil einer ausgleichungspflichtigen Schenkung vorher noch nicht Gegenstand der Rechtsprechung des Bundesgerichtshofs war und im Schrifttum von einer schuldrechtlichen Verpflichtung zur Ausgleichung gesprochen wurde.[99] Nach dieser Auffassung im Schrifttum war zwar ein Anspruch auf Zahlung oder Rückgewähr der Zuwendung bei der Auseinandersetzung ausgeschlossen, da die Ausgleichung rein rechnerisch durch Wertausgleich erfolge,[100] eine *schuldrechtliche Verpflichtung* zur Ausgleichung wurde aber ausdrücklich angenommen.

Erst im Kontext der ganzen Entscheidung wird deutlich, warum die Begründung so knapp gehalten wurde: Der Bundesgerichtshof vertrat, der gesetzliche Vertreter könne das Erfüllungsgeschäft im Sinne des § 181 BGB aE. in ausschließlicher Erfüllung einer Verbindlichkeit selbst vornehmen. Dies gelte auch, *falls das Erfüllungsgeschäft rechtlich nachteilige Folgen habe*, der beschränkt Geschäftsfähige das - für sich betrachtet - lediglich rechtlich vorteilhafte Kausalgeschäft aber selbst vornehme (§ 107 BGB) oder dabei durch Insichgeschäft vertreten werde.[101] Es ist anzunehmen, dass die erbrechtlichen Folgen dem Vollzug der Schenkung zugerechnet wurden und im Zuge dieser Argumentation als unerheblich angesehen wurden.

Von dieser Sichtweise wich der Bundesgerichtshof später mit ausdrücklichem Verweis auf die Entscheidung BGHZ 15, 168 wieder ab und nahm im Folgenden eine Gesamtbetrachtung von schuldrechtlichem und dinglichem Rechtsgeschäft vor, um dem Schutzzweck der §§ 107, 1629 II 1, 1795 I Nr.1, 181 BGB Geltung

---

98 BGHZ 15, 168, 170 f.

99 Vgl. dazu ausführlich unten D.I.1.a.

100 Staudinger/*Lehmann*, BGB, 11. Aufl., § 2050 Rn. 3; Planck/*Ebbecke*, BGB, 4. Aufl., Vorbm. zu §§ 2050 ff ; RGRK/*Kregel*, BGB, 12. Aufl., § 2050 Rn. 4; vgl. unten D.I.1.a.

101 BGHZ 15, 168: „Der Vater ist in Ausführung einer solchen Schenkung zur Grundstücksübereignung befugt, da er unbeschadet der Vorschrift des BGB § 181 gleichzeitig seine Genehmigung als gesetzlicher Vertreter zu der Annahme der Auflassung durch das Kind erteilen kann, *falls die Auflassung dem Kind nicht lediglich einen rechtlichen Vorteil bringt.*“ (Hervorhebung vom Verfasser).

zu verschaffen.[102] Mit dem weiteren Beschluss vom 25.11.2004 beschränkte der Bundesgerichtshof die Gesamtbetrachtungslehre dann auf die Auswirkungen des dinglichen Rechtsgeschäfts.[103] Danach ist das lediglich rechtlich vorteilhafte dingliche Rechtsgeschäft - wie nach dem Abstraktionsprinzip zu erwarten - losgelöst vom schuldrechtlichen Rechtsgeschäft wirksam, auch wenn letzteres rechtlich nachteilig ist.[104] Die Ausführungen in der Entscheidung BGHZ 15, 168 zum lediglich rechtlichen Vorteil der Ausgleichungsanordnung sind daher überholt.

Die Entscheidung BGHZ 15, 168 ist aber auch unter Berücksichtigung der damaligen Rechtsauffassung nicht schlüssig. Die Ausgleichung kann sowohl das dingliche Rechtsgeschäft (Übereignung) als auch das schuldrechtliche Rechtsgeschäft (zB. Schenkungsvertrag) zum Gegenstand haben.[105] Deshalb hätte der Schenkungsvertrag nicht ohne weitere Feststellungen von den Wirkungen der Ausgleichung ausgenommen werden dürfen.

Die Übertragung der Entscheidung auf die Anrechnung ist außerdem bereits im Ansatz verfehlt, da die Rechtswirkung der Ausgleichung erheblich von der Rechtswirkung der Anrechnung abweicht,[106] worauf zwischenzeitlich auch der Bundesgerichtshof hinwies.[107] Während die Anrechnung allein den Pflichtteilsanspruch des Zuwendungsempfängers betrifft, kann die Ausgleichung einerseits

---

102 BGHZ 78, 28, 34.

103 In der weiteren Entscheidung des Bundesgerichtshofs, Beschl. v. 25. November 2004, V ZB 13/04, wurde die Gesamtbetrachtungstheorie für den Fall eingeschränkt, dass das dingliche Rechtsgeschäft (Übertragung eines Grundstück) für den Minderjährigen lediglich rechtlich vorteilhaft ist. Nach der Entscheidung ist dieses trotz etwaiger rechtlicher Nachteile des schuldrechtlichen Geschäfts - ohne Veranlassung zur Gesamtbetrachtung - wirksam.

104 BGH aaO.

105 Vgl. Staudinger/*Haas*, BGB, Bearb. 2006, § 2315 Rn. 10, vgl. außerdem oben C.I.4.a.bb.aaa.α.

106 Staudinger/*Haas*, BGB, Bearb., § 2315 Rn. 3; Soergel/*Dieckmann*, BGB, 13. Aufl., § 2315 Rn. 1, 2; Bamberger/Roth/*J. Mayer*, BGB, 2. Aufl., § 2315 Rn. 1, 2; MüKo/*K. Lange*, BGB, 5. Aufl., § 2315 Rn, 3, 4. Vgl. unten D.I.2.a.

107 BGH ZEV 2010, 190, 191 = BGHZ 183, 76 ff: „Ob und wie Vorempfänge sich auf eine Pflichtteilsberechnung auswirken, hängt zunächst davon ab, welche Anordnungen der Erblasser bei der Zuwendung getroffen hat. ... Dabei folgt die Ermittlung des Ausgleichs-, Anrechnungs- oder Ausgleichs-/Anrechnungspflichtteils nach den jeweiligen tatbestandlichen Voraussetzungen ganz unterschiedlichen Berechnungsweisen, die nach den Umständen des Falls insbesondere den Vermögensverhältnissen, Vorempfängen und Pflichtteilsberechtigten auch zu ganz unterschiedlichen Ergebnissen führen können."

die Auseinandersetzung der zu Erben berufenen Abkömmlinge beeinflussen und andererseits sämtliche Pflichtteilsansprüche aller Abkömmlinge verändern (§ 2316 I BGB).[108]

δ. Die Ungewissheit des künftigen Pflichtteilsanspruchs

Gegen die Annahme eines Rechtsnachteils der Anrechnungsbestimmung wird von einigen Autoren eingewendet, der künftige Pflichtteilsanspruch sei zu Lebzeiten des Erblassers derart unsicher, dass die „vorzeitige Erfüllung" durch eine anzurechnende Zuwendung den Pflichtteilsberechtigten wesentlich besser stelle.[109] Es ist tatsächlich nicht gewiss, ob der Pflichtteilsberechtigte den Erbfall erleben wird und ob überhaupt (noch) ein Aktivnachlass vorhanden sein wird. Für den lediglich rechtlichen Vorteil macht es jedoch zunächst einmal keinen Unterschied, ob der Minderjährige durch das Rechtsgeschäft *wirtschaftlich* besser gestellt wird.[110] In der Tat entsteht der Pflichtteilsanspruch allerdings nicht, wenn der Pflichtteilsberechtigte vorverstirbt bzw. der Nachlass nicht aktiv ist. In diesem Fall würde er durch die Anrechnung rein tatsächlich nicht beeinträchtigt. Unwägbarkeiten sind künftigen Rechten allerdings immanent, ohne dass deshalb auch in anderen Fällen angenommen würde, deren Beeinträchtigung sei kein Rechtsnachteil. Andernfalls müssten ebenso die antizipierte Abtretung oder der Erlass des künftigen Pflichtteilsanspruchs im Rahmen des § 311b IV, V BGB[111] gegen eine Abfindung sowie ein auf den Wert der Abfindung beschränkter Pflichtteilsverzicht als lediglich rechtlich vorteilhaft angesehen werden. Das ist abwegig.[112]

Das Entstehen des Pflichtteilsanspruchs ist gleichwohl nicht garantiert, selbst wenn der Nachlasswert positiv ist und der Pflichtteilsberechtigte den Erbfall erlebt,

---

108 Vgl. ausführlich unten D.I.1.

109 *Pentz*, MDR 1998, 1266, 1267; *Stürner*, AcP 173, 402, 438 f.

110 Staudinger/*Knothe*, BGB, Bearb. 2004, § 107 Rn. 2; Bamberger/Roth/*Wendtland*, BGB, 2. Aufl., § 107 Rn. 3; MüKo/*J. Schmitt*, BGB, 5. Aufl., § 107 Rn. 28; Soergel/*Hefermehl*, BGB, 13. Aufl., § 107 Rn. 1; **aA.** *Stürner*, AcP 173, 402, 416 ff.

111 Vgl. oben C.I.4.a.bb.aaa.α.

112 Mit der gleichen Argumentation wäre dann etwa auch die Haftungsfreistellung eines Fahrzeugführers für verschuldete Fahrfehler als lediglich rechtlich vorteilhaft anzusehen, da nicht gewiss wäre, ob der Anspruch des minderjährigen Mitfahrers auf Schadensersatz überhaupt entsteht. Die (rechtsgeschäftliche) Haftungsfreistellung gilt aber als rechtlich nachteilig. Vgl. BGHZ 34, 355, 357; MüKo/*Schmitt*, BGB, 5. Aufl., § 107 Rn. 48.

da der Erblasser den Pflichtteilsberechtigten auch bei anzurechnenden Zuwendungen in größerem Umfang zum Erben einsetzen oder ein Vermächtnis zu seinen Gunsten aussetzen kann. Zum einen ist der Pflichtteilsberechtigte dadurch aber dem guten Willen des Erblassers ausgesetzt, da er keinen Anspruch auf Erbeinsetzung oder Vermächtnisaussetzung hat.[113] Zum anderen wirkt sich die Anrechnung auch in diesem Fall rechtlich nachteilig für ihn aus, da der so berechnete fiktive Pflichtteilsanspruch für den Umfang der Rechte gemäß §§ 2318 II, III, 2319, 2328 BGB maßgeblich ist, die neben Erbeinsetzung oder Vermächtnis bestehen.[114]

ε. Notarielle Form für jede Zuwendung unter Anrechnungsbestimmung?

Vereinzelt wird gegen den mit einer anzurechnenden Zuwendung einhergehenden Rechtsnachteil eingewandt, dass nach der Begründung, die Anrechnung auf den Pflichtteil sei mit dem Pflichtteilsverzicht gleichzustellen, dann auch *jede anzurechnende* Zuwendung der notariellen Form bedürfe, unabhängig davon, ob ein Minderjähriger beteiligt sei, da dies bei einem Pflichtteilsverzicht eben erforderlich sei (§ 2348 BGB).[115] Das gleiche Argument wird gegen die von einigen Autoren geforderte familiengerichtliche Genehmigungspflicht[116] gemäß § 2347 I 1 Hs. 2 BGB (analog) angeführt. *Dieckmann* bemerkt dazu, dass die den Rechtsnachteil der Anrechnung vertretende herrschende Meinung zwar viel für sich habe, diese Konsequenz aber zu weit gehe.[117]

Richtig ist dieser Einwand gegenüber der Auffassung, die das familiengerichtliche Genehmigungserfordernis durch analoge Anwendung des § 2347 I 1

---

113 Vgl. oben B.I.

114 Dies gilt für § 2319 S. 1 BGB nach der herrschenden Werttheorie (vgl. Bamberger/Roth/*J. Mayer*, BGB, 2. Aufl., § 2319 Rn. 4), sollte aufgrund des Wortlauts der §§ 2318 II, III, 2319 BGB („Pflichtteil") im Gegensatz zu § 2306 I BGB-aF und § 2305 S. 1 BGB („Hälfte des gesetzlichen Erbteils") aber auch unabhängig von Quoten- oder Werttheorie gelten. Gegen die Beachtung von Anrechnung und Ausgleichung bestehen in diesem Zusammenhang soweit ersichtlich keine Gegenmeinungen. Für § 2328 BGB, der den gleichen Normzweck verfolgt, wird dies ebenfalls ohne Gegenstimmen angenommen, vgl. Staudinger/*Olshausen*, BGB, Bearb. 2006, § 2328 Rn. 9; Soergel/*Dieckmann*, BGB, 13. Aufl., § 2328 Rn. 5; Bamberger/Roth/*J. Mayer*, BGB, 2. Aufl., § 2328 Rn. 2.

115 Soergel/*Dieckmann*, BGB, 13. Aufl., § 2315 Rn. 7; *Pentz*, MDR 1998, 1266, 1267.

116 Vgl. oben C.I.4.a.bb.

117 Soergel/*Dieckmann*, BGB, 13. Aufl., § 2315 Rn. 7. Ebenso *Muscheler*, Erbrecht II, S. 2180.

Hs. 2 BGB begründet.[118] Dann müsste folgerichtig ebenfalls die notarielle Beurkundung gemäß § 2348 BGB für erforderlich gehalten werden. Ohne dieses Folgeproblem kommt aber die Lösung aus, bei der mit einer analogen Anwendung des § 1822 Nr. 2 BGB argumentiert wird. Danach wird nur auf die *Vergleichbarkeit der Wirkung* des Pflichtteilverzichts abgestellt und nicht auf die Heranziehung der Regelungen gemäß §§ 2346 ff BGB.[119] Hier verfängt der Vorbehalt also nicht. Der Bundesgerichtshof lehnt zwar die einzelfallbezogene analoge Anwendung der §§ 1821, 1822 BGB in ständiger Rechtsprechung im Interesse der Rechtssicherheit ab und lässt daher nur eine formale Abgrenzung zu.[120] Der Rechtssicherheit wird jedoch nicht geschadet, wenn schon formal jede Zuwendung mit Anrechnungsbestimmung an einen Minderjährigen der Genehmigungspflicht unterfällt. Dann ist eine Einzelfallbetrachtung nicht notwendig.

Diese Problematik ergibt sich nach dem hier vertretenen Standpunkt aber bereits nicht. Danach folgt der Rechtsnachteil nicht aus einem Vergleich mit dem Pflichtteilsverzicht, sondern aus der inhaltsändernden Verfügung über den künftigen Pflichtteilsanspruch durch die Annahme der anzurechnenden Zuwendung.[121] Die Annahme der anzurechnenden Zuwendung kann daher als Rechtsnachteil bewertet werden, ohne die familiengerichtliche Genehmigung (oder die notarielle Form) für erforderlich zu halten. Das hängt dann davon ab, ob man § 1822 Nr. 2 BGB analog auf diesen Fall anwenden möchte. Dies kann losgelöst von der Frage nach dem Rechtsnachteil entschieden werden.

---

118 So Bamberger/Roth/*J. Mayer* (2. Aufl) § 2315 BGB Rn. 8; MüKo/*K. Lange*, BGB, 4. Aufl., § 2315 Rn. 9. MüKo/*Frank*, BGB, **1.–3. Aufl.**, § 2315 Rn. 9 und – diese Kommentierung übernehmend – MüKo/*K. Lange*, BGB, 4. Aufl., § 2315 Rn. 9 zitieren den § 2347 **II** BGB (direkt), obwohl es dort um den beschränkt geschäftsfähigen *Erblasser* geht. *Keim* (ZEV 2006, 363, 364 und ZEV 2008, 161, 165) und *Muscheler* (ZEV 2008, 105, 108) beziehen sich ebenfalls auf § 2347 **II** BGB. Es scheinen insofern noch Unklarheiten zu herrschen.

119 Zu beachten ist insbesondere, dass nur die Höhe des Pflichtteilsanspruchs betroffen ist und nicht das Pflichtteilsrecht als solches, wie bei einem (unbeschränkten) Pflichtteilsverzicht gemäß § 2346 II BGB. Der Anspruch auf Auskunft gegen den oder die Erben bleibt unberührt (§ 2314 BGB). Aber selbst *Pentz* MDR 1998, 1266, 1267, der gegen die Einordnung als rechtlicher Nachteil ist, gibt zu, dass bei einer Zuwendung, die den Pflichtteil erschöpft, „rein äußerlich betrachtet die Folgen von Pflichtteilsverzicht und Anrechnungsanordnung überein[stimmen]".

120 BGHZ 38, 26 ff; 52, 316, 319; 92, 259, 261.

121 Vgl. oben C.I.4.a.bb.aaa.α.

bbb. Zwischenergebnis

Die Annahme einer auf den Pflichtteil anzurechnenden Zuwendung (§ 2315 BGB) ist nach geltender Rechtslage für einen beschränkt Geschäftsfähigen oder Geschäftsunfähigen als Verfügung über seinen künftigen Pflichtteilsanspruch nicht lediglich rechtlich vorteilhaft. Deshalb kann der Minderjährige als beschränkt Geschäftsfähiger nicht selbst die anzurechnende Zuwendung annehmen und dabei auch nicht durch Insichgeschäft von seinen Eltern vertreten werden.

cc. Zuwendung als angemessener Ersatz für den Pflichtteil?

Fraglich ist, ob für den Fall der Anrechnung einer Zuwendung auf den Pflichtteil eine teleologische Reduktion des § 107 BGB geboten ist. Nach der Rechtsprechung des Bundesgerichtshofs schließt es die Entscheidung des Gesetzgebers „zwar aus, den von § 107 BGB vorausgesetzten rechtlichen Vorteil durch den wirtschaftlichen Vorteil zu ersetzen. Möglich ist es jedoch, bestimmte Rechtsnachteile wegen ihres typischerweise ganz unerheblichen Gefährdungspotentials als von dem Anwendungsbereich der Vorschrift nicht erfaßt anzusehen (...). Dies gilt jedenfalls für solche den Minderjährigen kraft Gesetzes treffenden persönlichen Verpflichtungen, die ihrem Umfang nach begrenzt und wirtschaftlich derart unbedeutend sind, daß sie unabhängig von den Umständen des Einzelfalls eine Verweigerung der Genehmigung durch den gesetzlichen Vertreter oder durch einen Ergänzungspfleger nicht rechtfertigen könnten.“ [122]

Wenn eine Zuwendung an den Minderjährigen auf dessen Pflichtteil angerechnet wird, erhält er den Gegenwert des verlorenen Pflichtteilsanspruchs in Form der Zuwendung. Die Einschränkung des Minderjährigenschutzes könnte also ausnahmsweise gerechtfertigt sein, wenn der Pflichtteilsberechtigte durch die Zuwendung stets einen angemessenen Ersatz erhalten würde.

aaa. Wirtschaftlicher Vorteil durch die anzurechnende Zuwendung?

Zur Anrechnung auf den Pflichtteil einem Minderjährigen gegenüber führt *Stürner* aus, dass „im Zeitpunkt der Schenkung das Ob und der Inhalt der Erbschaft völlig unsicher sind; jeder wirtschaftlich Denkende wird die vorweggenommene Erbfolge vorziehen.“[123] In diesem Sinne wird auch von anderen Autoren behauptet, der Minderjährige werde mit der anzurechnenden Zuwendung wirtschaftlich besser oder wenigstens gleich gut gestellt wie ohne die Zuwendung, da sie schon zu

122 Vgl. BGHZ 161, 170, 178 ff.
123 *Stürner*, AcP 173, 402, 438 f.

Lebzeiten des Erblassers und damit „vor Fälligkeit“ erfolge.[124] Insbesondere profitiere der Zuwendungsempfänger aufgrund des § 2315 II 2 BGB von Wertsteigerungen, und ein Untergang der anzurechnenden Zuwendung treffe den Pflichtteilsberechtigten auch dann, wenn die Zuwendung im Vermögen des Erblassers verblieben wäre.[125]

Bei diesen Aussagen wird allerdings verkannt, dass eine „vorzeitige Erfüllung“ für einen Minderjährigen erhebliche wirtschaftliche Risiken birgt, wodurch die wirtschaftlichen Vorteile aufgewogen werden. Zunächst einmal steht der Chance auf eine Wertsteigerung des Gegenstands nicht nur das Risiko der Wertminderung sondern auch das des vollständigen Untergangs gegenüber. Dass dies den Minderjährigen ebenso treffe, wenn der Gegenstand im Vermögen des Erblassers untergeht, ist falsch. Dann wird der Pflichtteilsanspruch materiellrechtlich nicht vermindert, und rein tatsächlich wirkt sich der Verlust nur *in Höhe der Pflichtteilsquote* aus und damit gerade nicht mit dem vollen Wert der Zuwendung.

Fallbeispiel: Der Nachlass des unverheirateten Erblassers, der eine Tochter und einen Sohn hat, hat einen Wert von 200.000 €. Der Sohn S erhielt eine auf den Pflichtteil anzurechnende Zuwendung in Höhe von 40.000 €, die aber bereits vor dem Erbfall untergegangen ist. Die Lebensgefährtin des Erblassers ist als Alleinerbin eingesetzt.

Pflichtteil des S nach §§ 2303 I 2, 2315 BGB:
(Nachlass + Zuwendung) • ¼ – Zuwendung =
(200.000 + 40.000) • ¼ – 40.000 = 20.000

Der Pflichtteilsanspruch des Sohnes besteht in Höhe von 20.000 €, obwohl die Zuwendung beim Erbfall bereits nicht mehr vorhanden ist (§ 2315 II 2 BGB). Wenn der Sohn nicht die anzurechnende Zuwendung erhalten hätte, der Vermögensgegenstand aber dennoch bis zum Erbfall untergegangen wäre, würde der Wert des Nachlasses ebenfalls 200.000 € betragen. Danach hätte der Sohn allerdings noch einen Pflichtteilsanspruch in Höhe von 50.000 €. Der Verlust wirkt sich dann lediglich in Höhe von 10.000 € aus und damit nur mit einem Viertel (Pflichtteilsquote) von 40.000 € (Wert der Zuwendung), anstatt mit dem vollen Wert.

Solange der Erblasser noch anderes Vermögen hat, bleibt der Pflichtteilsberechtigte beim Erbfall wirtschaftlich also daran beteiligt, auch wenn einzelne

124 *Pentz*, MDR 1998, 1266, 1267.
125 *Pentz*, MDR 1998, 1266, 1267; *Everts*, Rpfleger 2005, 180, 181.

Vermögensgegenstände vor dem Erbfall untergehen.[126] Darüber hinaus ist es auch wahrscheinlicher, dass ein einziger Vermögensgegenstand untergeht als ein ganzer künftiger Nachlass, der in der Regel eine aus vielen verschiedenen Gegenständen bestehende Vermögensgesamtheit ist.

Weiter wird behauptet, der Zuwendungsempfänger könne „das Schicksal des geschenkten Gegenstands durch ordnungsgemäße und geschickte Verwaltung beeinflussen".[127] Warum jedoch ausgerechnet der *Minderjährige* die Verwaltung des zugewandten Gegenstands besser beherrschen soll als seine Eltern, leuchtet nicht ein. Den Eltern steht ohnehin die Vermögenssorge zu (§ 1626 I BGB).[128] Der Minderjährige kann aufgrund seiner Geschäftsunfähigkeit bzw. beschränkten Geschäftsfähigkeit regelmäßig nicht selbständig die Verwaltung des Vermögensgegenstands wahrnehmen, und auch eine tatsächliche Nutzung dürfte bei Zuwendungen der vorweggenommenen Erbfolge zumeist unzweckmäßig sein. Beispielsweise sind die Eltern des minderjährigen Kindes im Rahmen der elterlichen Sorge (§§ 1626 ff BGB) bereits verpflichtet, eine Unterkunft bereitzustellen. Durch Übereignung etwa eines Hausgrundstücks wäre demnach nichts gewonnen. Auch einen größeren Geldbetrag kann der Minderjährige nicht zweckmäßig verwenden, da die Eltern unterhaltsrechtlich ebenso für die Deckung des sonstigen Lebensbedarfs aufkommen müssen. Der Nutzungsvorteil der Zuwendung stellt daher keinen so bedeutenden wirtschaftlichen Vorteil dar, dass dadurch das Risiko ihres Untergangs insgesamt zu vernachlässigen wäre.

Ferner kann nicht davon ausgegangen werden, dass der Erblasser, der die Freibeträge der Schenkungs- und Erbschaftssteuer durch frühe Zuwendungen an sein minderjähriges Kind *wiederholt* ausnutzen will, dies nur macht, wenn er die Zuwendungen auf den Pflichtteil anrechnen kann. In einem solchen Fall dürfte es ihm gerade auf eine über die pflichtteilsmäßige Beteiligung hinausgehende Beteiligung des Kindes ankommen, sodass eine Anrechnung der Zuwendung auf den Pflichtteil nicht erforderlich ist. Die Anrechnung soll hingegen grundsätzlich den Ausschluss des Pflichtteilsberechtigten von der weiteren

126 Die Annahme, dass die Zuwendung (im Rahmen des § 2315 BGB !) mitunter das *ganze* Vermögen des Erblassers ausmacht, ist lebensfremd, insbesondere da die Zuwendung an einen Minderjährigen erfolgt.

127 *Pentz*, MDR 1998, 1266, 1267.

128 Aufgrund der Abhängigkeit der Problematik vom Pflichtteil kommen grundsätzlich nur Eltern-Kind- und Großeltern-Enkel-Konstellationen in Betracht. Auch gegenüber den Großeltern ist die Vertretung des Kindes durch die Eltern gemäß §§ 1629 II 1, 1795 I Nr. 1 BGB ausgeschlossen, sofern das Rechtsgeschäft nicht lediglich in der Erfüllung einer Verbindlichkeit besteht (§ 181 BGB aE.).

Nachlassteilhabe offen halten. Das zeigt sich daran, dass wegen der Wirkung der Anrechnung bei der Auslegung des Erblasserwillens bei nicht eindeutigen Klauseln der vorweggenommenen Erbfolge eine Anrechnungsbestimmung statt einer Ausgleichungsanordnung in der Regel dann anzunehmen ist, wenn der Erblasser im Zeitpunkt der Zuwendung die Enterbung des Zuwendungsempfängers im Sinn hatte.[129]

Unter Abwägung der wirtschaftlichen Chancen und Risiken ist es deshalb unzutreffend, dass der Pflichtteilsberechtigte durch eine anzurechnende Zuwendung grundsätzlich wirtschaftlich besser gestellt werde.

bbb. Kurzlebige oder belastete Zuwendungen

Der Untergang oder Wertverlust einer Zuwendung ist darüber hinaus nicht immer unvorhersehbar und dem Zufall überlassen. Manchen Zuwendungen ist ein erhöhtes Risiko immanent. Gegebenenfalls kann die Realisierung dieses Risikos sogar vom Willen des Erblassers abhängen. Von einigen Autoren wird in diesem Sinne dargelegt, die Gefährdung des minderjährigen Zuwendungsempfängers bestehe gerade bei kurzlebigen Zuwendungen,[130] wie etwa bei einem Motorrad oder ähnlichem. Tatsächlich sind kurzlebige Zuwendungen aus der Sicht des Pflichtteilsberechtigten wirtschaftlich ungünstig, da er einen Wertverlust vollständig trägt.[131]

Besonders problematisch ist die auf den Pflichtteil anzurechnende Zuwendung von Wertpapieren und Aktien, da erhebliche Wertveränderungen nach der Übertragung möglich sind und die Risiken reiner Spekulation unterliegen. Bei nicht an der Börse gehandelten Wertpapieren, die formlos übertragen werden können, besteht insbesondere eine erhöhte Missbrauchsgefahr. Wertverluste könnten nachträglich auf den minderjährigen Pflichtteilsberechtigten abgewälzt werden, da der Zeitpunkt der Übertragung und Anrechnung beim Insichgeschäft kaum festgestellt werden kann.

Hohe Risiken können außerdem bei belasteten Zuwendungen bestehen. So ist die Übereignung eines mit einer Grundschuld belasteten Grundstücks im Rahmen der vorweggenommenen Erbfolge nicht untypisch.[132] Die Zuwendung

129 Vgl. BGH, ZEV 2010, 190, 191.

130 *H. Lange*, NJW 1955, 1339, 1343; Staudinger/*Ferid*/*Cieslar*, BGB, 12. Aufl., § 2315 Rn. 55; Bamberger/Roth/*J. Mayer*, BGB, 2. Aufl., § 2315 Rn. 8; MüKo/*K. Lange*, BGB, 5. Aufl., § 2315 Rn. 16; *Kasper*, Anrechnung und Ausgleichung im Pflichtteilsrecht, S. 26 f.

131 Vgl. oben C.I.4.a.cc.aaa.

132 Vgl. etwa OLG München, ZEV 2007, 493 ff.

eines mit Grundschulden belasteten Grundstücks ist nach herrschender Meinung lediglich rechtlich vorteilhaft,[133] da die mit der Grundschuld verbundene Haftung zwar den im Eigentumserwerb liegenden Vorteil mindere, ihn jedoch nicht beseitige.[134] Entscheidend sei aus der Sicht des Minderjährigenschutzes, dass der Minderjährige im ungünstigsten Fall lediglich das Grundstück wieder verlieren könne.[135]

Im Fall der anzurechnenden Zuwendung ist diese Argumentation allerdings nicht mehr zutreffend. Der auf den Pflichtteil anzurechnende Wert bestimmt sich gemäß § 2315 II 2 BGB nach dem Zeitpunkt der Zuwendung. Der spätere Eintritt des Sicherungsfalls ist also unbeachtlich. Zwar wird der Wert des Grundstücks durch die Belastung gemindert und daher nur der die Grundschuld übersteigende (Verkehrs-)Wert auf den Pflichtteil angerechnet.[136] Es ist aber durchaus nicht ungewöhnlich, dass bei einer Zwangsversteigerung nicht der Verkehrswert eines Grundstücks erzielt wird.[137] Der Pflichtteilsanspruch wird also um einen Wert verringert, der im Fall der Vollstreckung mit großer Wahrscheinlichkeit nicht erzielt werden wird. Dabei ist es im ungünstigsten Fall denkbar, dass der die Grundschuld übersteigende Wert des Grundstücks durch die Zwangsversteigerung vollständig aufgezehrt wird. Hinzu kommt, dass vom Versteigerungserlös zunächst die Verfahrenskosten abzuziehen sind (§ 109 ZVG). Also selbst in dem unwahrscheinlichen Fall, dass bei der Zwangsversteigerung der Verkehrswert erzielt würde, fallen die Verfahrenskosten dem Pflichtteilsberechtigten zur Last. Der Pflichtteilsberechtigte ist damit im Sicherungsfall wirtschaftlich stets schlechter gestellt als

---

133 BGHZ 161, 170, 176 f; Staudinger/*Knothe*, BGB, Bearb. 2004, § 107 Rn. 15 f; MüKo/*Schmitt*, BGB, 5. Aufl., § 107 Rn. 40; Soergel/*Hefermehl*, BGB, 13. Aufl., § 107 Rn. 4.

134 BGHZ 161, 170, 176 f.

135 MüKo/*Schmitt*, BGB, 5. Aufl., § 107 Rn. 40.

136 Vgl. OLG München, ZEV 2007, 493, 495.

137 *Knees*, Immobiliarzwangsvollstreckung, S. 20; *Storz*, Praxis des Zwangsversteigerungsverfahrens, S. 387; vgl. auch BGHZ 85, 274, 286 („bei der Zwangsversteigerung von Grundstücken ... kann ein Zuschlag unter dem (Normal-)Wert nicht als ungewöhnlich bezeichnet werden").
Vgl. ebenso den Ausnahmefall BVerfGE 42, 64, bei dem für ein Grundstück mit einem Verkehrswert von 144.000 DM unter Übernahme einer Belastung von 34.000 DM (Grundschuld) ein Zuschlag für 2.000 DM erteilt wurde! Mittlerweile ist zwar gemäß § 85a ZVG der Zuschlag zu versagen, wenn nicht die Hälfte des Grundstückswertes unter Hinzurechnung der bestehenbleibenden Rechte erreicht wird. Aber auch wenn dieser Wert überschritten wird, macht der Pflichtteilsberechtigte in aller Regel einen „schlechten Schnitt".

ohne die anzurechnende Zuwendung, da er sich die Differenz von Versteigerungserlös – abzüglich der Verfahrenskosten – und Verkehrswert des Grundstücks ohne verbleibenden Gegenwert auf seinen Pflichtteilsanspruch anrechnen lassen muss.

Die Anrechnung einer Zuwendung auf den Pflichtteil birgt also erhebliche wirtschaftliche Risiken für den Minderjährigen. Der Rechtsnachteil einer auf den Pflichtteil anzurechnenden Zuwendung ist deshalb nicht vom Anwendungsbereich des § 107 BGB auszunehmen.

b. Bewertung der Ergebnisse

Es ist gerechtfertigt, wenn der voll geschäftsfähige Pflichtteilsberechtigte eine Zuwendung unter Anrechnung auf den Pflichtteil annimmt und bei Untergang der Zuwendung wirtschaftlich weniger erhält als wenn er seinen (vollen) Pflichtteilsanspruch beim Erbfall geltend machen könnte. Er hat es durch die Annahme der Zuwendung in der Hand, ob er sich auf dieses Risiko einlässt. Dies ist vergleichbar mit dem Abschluss eines entgeltlichen Pflichtteilsverzichts (§ 2346 II BGB), wodurch die grundsätzliche Unentziehbarkeit des Pflichtteilsanspruchs ebenfalls nicht in Frage gestellt wird, da er gegen den Willen des Pflichtteilsberechtigten nicht erfolgen kann.

Wie gesehen kann der minderjährige Pflichtteilsberechtigte die Annahme einer Zuwendung seitens seiner Eltern jedoch nicht ablehnen. Neben dem rechtlichen Nachteil können belastete, spekulative oder kurzlebige Zuwendungen zu erheblichen wirtschaftlichen Nachteilen für den minderjährigen Pflichtteilsberechtigten führen, wenn sie auf den Pflichtteilsanspruch angerechnet werden. Mit der Anrechnung von Zuwendungen kann eine teilweise oder vollständige Entziehung des Pflichtteilsanspruchs erreicht werden, ohne dass dem Pflichtteilsberechtigten ein angemessener Ausgleich durch die Zuwendung verbleibt. Da der Erblasser gegenüber seinem minderjährigen Kind sowohl über die Zuwendung als auch über deren Anrechnung frei entscheiden könnte, wenn die Zuwendung unter Anrechnungsanordnung als lediglich rechtlich vorteilhaft angesehen würde, wäre dadurch das von Art. 14 I 1 GG gewährleistete Pflichtteilsrecht als grundsätzlich unentziehbare und bedarfsunabhängige wirtschaftliche Mindestteilhabe am Nachlass des Erblassers unverhältnismäßig eingeschränkt. Die Auffassung, nach der eine Zuwendung unter Anrechnungsbestimmung als lediglich rechtlich vorteilhaft bzw. vom Anwendungsbereich des § 107 BGB als nicht erfasst anzusehen ist,[138] ist daher abzulehnen. Sie ist nicht mit dem verfassungsrechtlichen

138 Vgl. oben C.I.4.a.bb.

Erfordernis vereinbar, wonach ein angemessener Ausgleich der gegenüberstehenden Grundrechtspositionen bei der Auslegung des einfachen Rechts erfolgen muss.[139]

II. Bedeutung des Rechtsnachteils für die nachträgliche Anrechnungsbestimmung gemäß § 2315 I BGB-RegE

Nach überwiegender und zutreffender Auffassung zur gegenwärtigen Rechtslage ist das minderjährige Kind also vor anrechnungspflichtigen Zuwendungen geschützt, da diese rechtlich nachteilig sind. Fraglich ist, ob dies mit dem Regierungsentwurf zur nachträglichen Anrechnungsbestimmung gemäß § 2315 I BGB-RegE geändert werden sollte. Die Begründung des Regierungsentwurfs geht von Folgendem aus: „Will sich der Empfänger einer Zuwendung vor nachträglichen Willensänderungen des Erblassers schützen, hat er nach der Neuregelung des § 2278 Abs. 2 BGB-E die Möglichkeit, nachträgliche Anordnungen oder Änderungen von Anordnungen zusammen mit dem Erblasser bindend in einem Erbvertrag auszuschließen. Lässt sich der Erblasser darauf nicht ein, muss dem Empfänger der Zuwendung bewusst sein, dass er mit solchen nachträglichen Anordnungen oder deren Änderung rechnen muss."[140] Der minderjährige Pflichtteilsberechtigte hätte bei einem Insichgeschäft gegebenenfalls nicht einmal Kenntnis von der Zuwendung. Deshalb könnte er weder mit der Anrechnung rechnen noch wäre von ihm der rechtzeitige Abschluss eines Erbvertrages mit dem Erblasser zu erwarten. Hieran ist zu sehen, dass die Problematik des Minderjährigenrechts im Regierungsentwurf zur nachträglichen Anrechnungsbestimmung gar nicht erkannt wurde. Es war also keine Einschränkung des Minderjährigenrechts und damit keine Modifikation des § 107 BGB beabsichtigt.

Zur Vermeidung einer unverhältnismäßigen Einschränkung des Pflichtteilsrechts des Minderjährigen[141] müsste im Fall der nachträglichen Anrechnung einer Zuwendung auf den Pflichtteil (§ 2315 I BGB-RegE) also gewährleistet sein, dass keine Zuwendungen erfasst werden, die einem Minderjährigen gegenüber erfolgten.

---

139 Vgl. zu diesem Grundsatz bei der Auslegung des einfachen Rechts BVerfGE 112, 332, 359.

140 Begründung B. Art. 1 Nr. 23 Entwurf eines Gesetzes zur Änderung des Erb- und Verjährungsrechts der Bundesregierung vom 30.1.2008.

141 Vgl. oben C.I.4.b.

Dies könnte durch eine verfassungskonforme Auslegung des § 2315 I BGB-RegE erreicht werden. Voraussetzung dafür ist, dass „der Wortlaut, die Entstehungsgeschichte, der Gesamtzusammenhang der einschlägigen Regelungen und deren Sinn und Zweck mehrere Deutungen zu(lassen), von denen eine zu einem verfassungsgemäßen Ergebnis führt“.[142] Anhaltspunkte für eine Auslegung des § 2315 I BGB-RegE dahin, dass die nachträgliche Bestimmung der Anrechnung unwirksam wäre, wenn der Zuwendungsempfänger im Zeitpunkt der Zuwendung minderjährig war, liefert der Wortlaut der Norm allerdings nicht. Im Gesetzgebungsverfahren wurde die Minderjährigenproblematik wie dargestellt auch nicht gesehen.

Der Schutz des Minderjährigen ist ferner nicht durch einen Mangel beim Zugang der Anrechnungsbestimmung gemäß § 131 II 2 BGB zu erreichen, da die Anrechnungsbestimmung durch Verfügung von Todes wegen erklärt wird und deshalb nicht empfangsbedürftig ist.

Desweiteren betrifft die Anrechnungsbestimmung nicht lediglich das schuldrechtliche Rechtsgeschäft der Zuwendung (Schenkungsvertrag), sie kann auch (ausschließlich) das dingliche Rechtsgeschäft (Übereignung, Abtretung) erfassen.[143] Deshalb könnte die nachträgliche Anrechnung nicht durch eine (schwebende) Unwirksamkeit nur des der Zuwendung zugrunde liegenden schuldrechtlichen Rechtsgeschäfts ausgeschlossen werden, während das dingliche Erfüllungsgeschäft wirksam bliebe.

Der Minderjährige ist auch nicht durch eine erst nachträglich – mit der späteren Bestimmung der Anrechnung – eintretende schwebende Unwirksamkeit des Zuwendungsgeschäfts zu schützen, da ein *nachträglicher* Eintritt der schwebenden Unwirksamkeit nicht aus den §§ 107, 108 I BGB hergeleitet werden kann. Die Normen knüpfen allein an die Willenserklärung des *Minderjährigen* an. Eine erst nach dem Abschluss des Zuwendungsgeschäfts erfolgende Anrechnungsbestimmung des *Erblassers* wird also nicht von den §§ 107, 108 I BGB erfasst. Außerdem würde diese Konstruktion zu nicht lösbaren Folgeproblemen führen, da wegen der Nichtempfangsbedürftigkeit der nachträglichen Anrechnungsbestimmung erst beim Erbfall gewiss wäre, ob die Zuwendung tatsächlich wirksam ist. Der Erblasser könnte die nachträgliche Anrechnungsbestimmung

142 BVerfGE 88, 145, 166; 95, 64, 93; 112, 164, 182 f; vgl. auch Sachs/*Sachs*, GG, 6. Aufl., Einf. Rn. 54; Jarass/Pieroth/*Jarass*, GG, 10. Aufl., Art. 20 Rn. 34.

143 Vgl. Staudinger/*Haas*, BGB, Bearb. 2006, § 2315 Rn. 10, vgl. außerdem oben C.I.4.a.bb.aaa.α.

nach den allgemeinen Regeln zum Widerruf von Testamenten (§§ 2253 ff BGB) stets ändern.[144]

Da die nachträgliche Anrechnungsbestimmung also nicht gemäß §§ 107, 108 I BGB oder durch eine einschränkende Auslegung des § 2315 I BGB-RegE verhindert werden könnte, wäre es nicht möglich, den Minderjährigenschutz und das Pflichtteilsrecht im Fall einer *wirksamen* Zuwendung zu gewährleisten. Daher wäre allein wegen der von § 2315 I BGB-RegE vorgesehenen Möglichkeit der nachträglichen Anrechnung jede Zuwendung des Erblassers an sein minderjähriges Kind rechtlich nachteilig und damit schwebend unwirksam, auch wenn die Bestimmung der Anrechnung zum Zeitpunkt der Zuwendung noch nicht erfolgte, da die Anrechnung bei *wirksamer* Zuwendung später jederzeit hätte erklärt werden können.

Dies ist vergleichbar damit, dass ein Schenkungsvertrag unter Rücktrittsvorbehalt nicht wirksam mit einem Minderjährigen geschlossen werden kann, weil bereits im Zeitpunkt der Schenkung ein rechtlicher Nachteil besteht, wodurch das schuldrechtliche Rechtsgeschäft gemäß §§ 107, 108 I BGB sofort schwebend unwirksam ist, obwohl noch ungewiss ist, ob der Rückstritt später einmal erklärt wird.[145]

III. Zwischenergebnis

Allein wegen der Möglichkeit der nachträglichen Anrechnung auf den Pflichtteil gemäß § 2315 I BGB-RegE wäre *jede* Zuwendung des Erblassers an sein minderjähriges Kind nicht lediglich rechtlich vorteilhaft iSd. § 107 BGB und damit schwebend unwirksam (§ 108 I BGB), auch wenn die Bestimmung der Anrechnung zum Zeitpunkt der Zuwendung noch nicht erklärt würde.

IV. Die Rückwirkung der nachträglichen Anrechnung von Zuwendungen

Nach dem Entwurf der Bundesregierung eines Gesetzes zur Änderung des Erb- und Verjährungsrechts vom 30.01.2008 war für den übergangsrechtlichen

144 Gemäß § 2315 I 3 BGB-RegE kann der Erblasser eine vor oder bei Zuwendung erfolgte Anrechnungsbestimmung durch Verfügung von Todes wegen nachträglich ändern.

145 Vgl. BGH, Beschluss v. 25. November 2004, V ZB 13/04.

Anwendungsbereich der Neuregelung das Stichtagsprinzip gemäß Art. 229 § 17 V EGBGB-RegE maßgeblich. Dadurch wären Zuwendungen, die vor der Verkündung und dem Inkrafttreten des Gesetzes vorgenommen wurden, ebenfalls nachträglich auf den Pflichtteil anrechenbar gewesen, wenn der Erbfall nach dem Inkrafttreten der Gesetzesänderung eingetreten wäre. Dies war ein ausdrückliches Ziel des Entwurfs.[146]

Das Grundgesetz hält (abgesehen von Art. 103 II GG für das Strafrecht) keine ausdrückliche Regelung für die Behandlung rückwirkender Gesetze bereit.[147] Damit stellt sich die Frage nach der Zulässigkeit und dem Maßstab, dem solche Gesetze genügen müssen. Wenn Gesetze Vergangenheitsbezug haben und im Nachhinein belastende Rechtsfolgen an das Verhalten des Einzelnen knüpfen, kann der Betroffene sein Verhalten nicht auf das für ihn nachteilige Gesetz einstellen und wird dadurch in seinem Vertrauen auf bestehendes Recht enttäuscht.[148] Um die Ordnungsfunktion der Rechtsordnung und die Selbstbestimmung des Einzelnen zu gewährleisten, ist aber eine gewisse Verlässlichkeit und Kontinuität des Rechts erforderlich.[149] Daher werden ganz überwiegend das Rechtsstaatsprinzip gemäß Art. 20 III GG und die Grundrechte[150] herangezogen, um durch Grundsätze des Vertrauensschutzes die Grenzen für rückwirkende Gesetze zu ziehen.[151] Es soll das Vertrauen in die Verlässlichkeit und Berechenbarkeit der Rechtsordnung und der auf ihrer Grundlage erworbenen Rechte geschützt werden.[152] Eine Konkretisierung dieser Prinzipien ist für die Behandlung der Rückwirkungsfrage jedoch erforderlich, da sie sehr allgemein gehalten sind und

---

146 Vgl. Begründung zu Art. 2 V Entwurf eines Gesetzes zur Änderung des Erb- und Verjährungsrechts der Bundesregierung vom 30.1.2008; Art. 229 EGBGB § 17 V EGBGB-RegE in: Art. 2 Entwurf eines Gesetzes zur Änderung des Erb- und Verjährungsrechts der Bundesregierung vom 30.1.2008.

147 Vgl. *Maurer*, Staatsrecht I, 5. Aufl., S. 567.

148 Vgl. BVerfGE 13, 261, 271; *Maurer*, Handbuch des Staatsrechts III, 1. Aufl., S. 223.

149 BVerfG, 2 BvL 14/02 vom 07.07.2010, Rn. 55 (juris); BVerfG, 2 BvR 748/05 vom 07.07.2010, Rn. 44 (juris); *Maurer*, Handbuch des Staatsrechts III, 1. Aufl., S. 212 ff.

150 BVerfG, 2 BvL 14/02 vom 07.07.2010, Rn. 55 (juris).

151 Vgl. *Maurer*, Handbuch des Staatsrechts III, 1. Aufl., S. 224; *Kisker*, Die Rückwirkung von Gesetzen, S. 1; *Muckel*, Kriterien des verfassungsrechtlichen Vertrauensschutzes bei Gesetzesänderungen, S. 13 ff; *Pieroth*, Rückwirkung und Übergangsrecht, S. 89 ff; Jarass/Pieroth/*Jarass*, GG, 10. Aufl., Art. 20 Rn. 67; Sachs/*Sachs*, GG, 6. Aufl., Art. 20 Rn. 131; Dreier/*Schulze-Fielitz*, GG, 2. Aufl., Art. 20 (Rechtsstaat) Rn. 146.

152 BVerfGE 13, 261, 271; 101, 239, 262 f.

keine Subsumption zulassen.[153] Maßgebliche Bedeutung dafür hat die Rechtsprechung des Bundesverfassungsgerichts zur Zulässigkeit der Rückwirkung von Gesetzen gewonnen, die mit BVerfGE 13, 261 als erster grundsätzlicher Stellungnahme eingeleitet wurde.[154] Bis in die jüngste Zeit[155] ist die Rückwirkung von Gesetzen eine regelmäßig wiederkehrende Frage geblieben, mit der sich das Gericht auseinandersetzen musste. Die Rechtsprechung hat im Laufe der Zeit viel Kritik aus der Literatur erfahren.[156] Mangels etablierter Alternativen ist die Dogmatik des Bundesverfassungsgerichts aber grundsätzlich maßgebend.[157] Denn so, wie der Vorbehalt gegenüber rückwirkenden Gesetzen seinen Grund und auch seine Grenze im Vertrauensschutz findet, wird dieser Vertrauensschutz gleichzeitig durch die bisherige Rechtsprechung geprägt. Eine Wandlung der Rechtsprechung in der Zukunft ist dadurch nicht ausgeschlossen, für die gegenwärtige Beurteilung des Vertrauensschutzes ist sie aber bestimmend.

1. Verfassungsmäßigkeit der Rückwirkung

Die Erbrechtsgarantie gemäß Art. 14 I 1 GG gewährleistet das Erbrecht als Rechtsinstitut und Individualrecht. Durch die Funktion, den Fortbestand des Privateigentums im Wege der Rechtsnachfolge zu sichern, ergänzt die Erbrechtsgarantie die Eigentumsgarantie und bildet zusammen mit dieser die im Grundgesetz vorgegebene private Vermögensordnung.[158] Innerhalb des Gewährleistungsbereichs des Art. 14 I 1 GG ist das Vertrauensschutzprinzip, das auch aus dem

---

153 Vgl. *Hess*, Intertemporales Privatrecht, S. 295; *Muckel*, Kriterien des verfassungsrechtlichen Vertrauensschutzes bei Gesetzesänderungen, S. 14.

154 Die Rückwirkung von Gesetzen („rückwirkende Kraft") wurde schon zuvor in Entscheidungen des Bundesverfassungsgerichts angesprochen, es wurden jedoch keine allgemeinen Kriterien für deren Zulässigkeit aufgestellt. Vgl. etwa BVerfGE 1, 264, 280.

155 BVerfG, 2 BvL 14/02 vom 7.7.2010, Rn. 55 ff; BVerfG, 2 BvR 748/05 vom 7.7.2010, Rn. 44 ff; BVerfG, 2 BvL 1/03 vom 7.7.2010, 67 ff.

156 Vgl. *Pieroth*, Rückwirkung und Übergangsrecht, S. 89 ff; *Kisker*, Die Rückwirkung von Gesetzen, S. 26 ff; *Klein/Barbey*, Bundesverfassungsgericht und die Rückwirkung von Gesetzen, S. 44 ff; *Stern*, Staatsrecht I, 2. Aufl., S. 835 ff; *Bauer*, JuS 1984, 241, 244 ff.

157 *Maurer*, Staatsrecht I, 6. Aufl., S. 565; Jarass/Pieroth/*Jarass*, GG, 10. Aufl., Art. 20 Rn. 67 („h.A."). Vgl. auch BVerfG, 2 BvL 14/02 vom 7.7.2010, Rn. 60.

158 BVerfGE 91, 346, 358; 112, 332, 348.

Rechtsstaatsprinzip gemäß Art. 20 III GG abzuleiten ist, zu berücksichtigen.[159] Die Erbrechtsgarantie bezieht nicht nur die Testierfreiheit des Erblassers mit ein, sondern auch das Pflichtteilsrecht in Form einer grundsätzlich unentziehbaren und bedarfsunabhängigen wirtschaftlichen Mindestbeteiligung der Abkömmlinge des Erblassers am Nachlass.[160] Damit kommt das Vertrauensschutzprinzip auch den Abkömmlingen zu.[161] Es ist also zu klären, ob durch § 2315 I BGB-RegE iVm. Art. 229 § 17 V EGBGB-RegE eine Rückwirkung vorliegt, die gemessen an den Prinzipien des Vertrauensschutzes verfassungsrechtlich zulässig ist.[162]

a. Art der Rückwirkung

Die Anforderungen an die Verfassungsmäßigkeit von belastenden Gesetzen mit Vergangenheitsbezug sind nach der Rechtsprechung des Bundesverfassungsgerichts abhängig von der Art der Rückwirkung. Traditionell wird zwischen echter und unechter Rückwirkung unterschieden, wobei erstere grundsätzlich unzulässig und letztere bislang grundsätzlich zulässig sein soll.[163] Nach der jüngsten Grundsatzentscheidung des Bundesverfassungsgerichts (Zweiter Senat) sind die Anforderungen an die Zulässigkeit der unechten Rückwirkung umgekehrt worden, sie wird nun als *nicht grundsätzlich unzulässig* angesehen.[164]

Von der dogmatischen Begrifflichkeit abweichend hatte der Zweite Senat des Bundesverfassungsgerichts zwischenzeitlich eine andere Rechtsprechung entwickelt, wonach zwischen der Rückbewirkung von Rechtsfolgen (echte

159 Vgl. BVerfGE 101, 239, 262.

160 Vgl. oben B.II.2.

161 Würde man das Vertrauensschutzprinzip der Eigentumsgarantie vorbehalten und damit die Erbrechtsgarantie als nicht betroffenen ansehen wollen, was abzulehnen ist, würde der allgemeine rechtsstaatliche Grundsatz des Vertrauensschutzes (Art. 20 III GG) zur Anwendung kommen und zu prüfen sein. Es ergäben sich im Folgenden keine erheblichen Unterschiede. Vgl. zum Schutzbereich der Eigentumsgarantie BVerfGE 64, 87, 104; 69, 272, 309; 72, 141, 154; 72, 175, 193 ff; sowie *Maurer*, Handbuch des Staatsrechts III, 1. Aufl., S. 237.

162 Die Eigentumsgarantie gemäß Art. 14 I 1 GG ist nicht betroffen, da der Pflichtteilsanspruch im Zeitpunkt der Gesetzesänderung noch nicht entstanden ist und durch die Anrechnung unmittelbar verringert entsteht (vgl. oben C.I.4.a.bb. aaa.α.). Daher wird nicht ein schon bestehender Anspruch eingeschränkt, der von der Eigentumsgarantie erfasst wäre.

163 Vgl. BVerfGE 14, 288, 296 f; 30, 392, 402 f; 95, 64, 86 f; 101, 239, 263 f.

164 BVerfG, 2 BvL 14/02 vom 7.7.2010, Rn. 57 (juris); BVerfG, 2 BvR 748/05 vom 7.7.2010, Rn. 46 (juris); BVerfG, 2 BvL 1/03 vom 7.7.2010, Rn. 68 (juris).

Rückwirkung) und der tatbestandlichen Rückanknüpfung (unechte Rückwirkung) zu unterscheiden sein sollte.[165] Der Erste Senat ist auch nach Entwicklung dieser neuen Begrifflichkeit bei seinem Ansatz geblieben.[166] Es wird aber angenommen, dass daraus in der Sache regelmäßig keine abweichenden Ergebnisse folgen.[167] Dies wird auch durch die synonyme Verwendung der Begriffe durch den Zweiten Senat unterstrichen.[168]

Die Literatur steht dem dogmatischen Ansatz des Ersten Senats mitunter etwas kritischer gegenüber, da eine eindeutige Zuordnung zu der echten oder unechten Rückwirkung nicht immer zweifelsfrei möglich sei, sondern ein fließender Übergang zwischen den Kategorien bestehe.[169] Andererseits wird die Rechtsprechung mangels Alternativen und der sonst entstehenden reinen Einzelfallkasuistik aber von einigen Stimmen akzeptiert.[170] Dabei besteht die Tendenz, dass der Ansatz des Zweiten Senats vorgezogen wird, da danach eine klarere Abgrenzung der Kategorien möglich sei.[171]

Es trifft zu, dass die Abgrenzung anhand der Kategorien von echter und unechter Rückwirkung nicht in jedem Fall zweifelsfrei möglich ist. Nach der Rechtsprechung entscheidet dies aber darüber, ob ein strenger Maßstab für die Prüfung der Zulässigkeit anzulegen ist. Die Kritik zielt also berechtigter Weise darauf ab, dass bereits mit der Einordnung in eine dieser Kategorien das Ergebnis für die Zulässigkeit der Rückwirkung vorgegeben werden könnte. Die angesprochene jüngst erfolgte Änderung der Rechtsprechung des Zweiten Senats zum Maßstab der Zulässigkeit der unechten Rückwirkung, wonach diese *nicht grundsätzlich unzulässig* ist,[172] bedeutet aber eine deutliche Verbesserung in diesem Punkt. Es ist

---

165 BVerfGE 63, 343, 353; 72, 200, 241 ff; 97, 67, 78 ff; 109, 133, 180 ff.

166 Vgl. etwa BVerfGE 95, 64, 86 f; 101, 239, 263 f.

167 *Vogel*, FS Martin Heckel, S. 875; *Maurer*, Staatsrecht I, 6. Aufl., S. 564; Maunz/Dürig/*Grzeszick*, GG, Bearb. Nov. 2006; Art. 20 VII Rn. 79; Sachs/*Sachs*, GG, 6. Aufl., Art. 20 Rn. 132.

168 Vgl. BVerfG, HFR 2009, 72 ff Rn. 23 (juris); BVerfG, 2 BvL 14/02 vom 7.7.2010, Rn. 56 ff (juris).

169 *Pieroth*, Rückwirkung und Übergangsrecht, S. 79 ff; *Stern*, Staatsrecht I, 2. Aufl., S. 835 ff; Maunz/Dürig/*Grzeszick*, GG, Bearb. Nov. 2006; Art. 20 VII Rn. 77 ff; Dreier/*Schulze-Fielitz*, GG, 2. Aufl., Art. 20 (Rechtsstaat) Rn. 155.

170 Namentlich von *Maurer*, Staatsrecht I, 6. Aufl., S. 565; Jarass/Pieroth/*Jarass*, GG, 10. Aufl., Art. 20 Rn. 67.

171 So *Vogel*, JZ 1988, 833, 838; *Vogel*, FS Martin Heckel, S. 875; Maunz/Dürig/*Grzeszick*, GG, Bearb. Nov. 2006; Art. 20 VII Rn. 79.

172 Vgl. BVerfG, 2 BvL 14/02 vom 07.07.2010, Rn. 55 ff (juris); BVerfG, 2 BvR 748/05 vom 07.07.2010, Rn. 44 ff (juris); BVerfG, 2 BvL 1/03 vom 07.07.2010, Rn. 67 ff (juris).

also jede Form der Rückwirkung zu rechtfertigen, wodurch eine Vorentscheidung durch die Zuordnung zur einer bestimmten Kategorie vermieden wird. Anhand des Einzelfalls kann dann sachgerecht geprüft werden, ob die Rückwirkung unter Abwägung der widerstreitenden Interessen gerechtfertigt ist. Aus diesem Grund ist dem Ansatz der neueren Rechtsprechung des Bundesverfassungsgerichts (Zweiter Senat) zuzustimmen.

aa. Echte Rückwirkung (Rückbewirkung von Rechtsfolgen)

Eine echte Rückwirkung (Rückbewirkung von Rechtsfolgen) liegt nach dem Zweiten Senat bei einer Rechtsnorm vor, „wenn ihre Rechtsfolge mit belastender Wirkung schon vor dem Zeitpunkt ihrer Verkündung für bereits abgeschlossene Tatbestände gelten soll.“ „Erst mit der Verkündung ... ist eine Norm rechtlich existent. Bis zu diesem Zeitpunkt ... muss der von einem Gesetz Betroffene grundsätzlich darauf vertrauen können, dass seine auf geltendes Recht gegründete Rechtsposition nicht durch eine zeitlich rückwirkende Änderung der gesetzlichen Rechtsfolgenanordnung nachteilig verändert wird.“[173]

Die nachträgliche Anrechnungsbestimmung erfasst wegen des Stichtagsprinzips gemäß § 2315 I BGB-RegE iVm. Art. 229 § 17 V EGBGB-RegE auch Zuwendungen, die vor der Verkündung des Änderungsgesetzes vorgenommen wurden, falls der Erbfall nach dem Inkrafttreten der Regelung eintritt. *De lege lata* kann die Anrechnung auf den Pflichtteil wirksam nur vor oder bei der Zuwendung bestimmt werden.[174] Geschieht dies nicht, hat die Zuwendung keine Bedeutung für die Berechnung des ordentlichen Pflichtteilsanspruchs. Der der Zuwendung zugrunde liegende Tatbestand ist also abgeschlossen. Aufgrund der Gesetzesänderung müsste sich der Pflichtteilsberechtigte diese Zuwendung bei einer entsprechenden Anordnung dann trotzdem nachträglich anrechnen lassen. Allerdings wird dadurch nicht die *durch die Zuwendung* erworbene Rechtsposition selbst entwertet, da keine gegenständliche oder wertmäßige

---

173 Vgl. BVerfG, 2 BvL 14/02 vom 07.07.2010, Rn. 56 (juris); BVerfG, 2 BvR 748/05 vom 07.07.2010, Rn. 45 (juris); BVerfG, 2 BvL 1/03 vom 07.07.2010, Rn. 67 (juris). Vgl. auch BVerfGE 63, 343, 353 f; 67, 1, 15; 72, 200, 241 f; 97, 67, 78 f; 109, 133, 181; 114, 258, 300; BVerfG, HFR 2009, 72, 73.

174 RGZ 67, 306, 309 f; *J. Mayer*, ZEV 1996, 441, 442; *Thubauville*, MittRhNotK 1992, 289, 296; *Sostmann*, MittRhNotK 1976, 479, 482; Staudinger/*Haas*, BGB, Bearb. 2006, § 2315 Rn. 17; Soergel/*Dieckmann*, BGB, 13. Aufl., § 2315 Rn. 6; MüKo/*K. Lange*, BGB, 5. Aufl., § 2315 Rn. 10; Bamberger/Roth/*J. Mayer*, BGB, 2. Aufl., § 2315 Rn. 6; vgl. auch BGH, ZEV 2010, 33, 34.

Rückgewährpflicht der Zuwendung in den Nachlass entsteht (vgl. § 2315 II 1 BGB).[175] Auch begründet das Pflichtteilsrecht vor dem Erbfall noch kein subjektives Recht oder Anwartschaftsrecht, und der Pflichtteilsanspruch besteht noch nicht.[176] Die nachträgliche Anrechnung schränkt deshalb erst ein Recht des Betroffenen ein, sobald der Pflichtteilsanspruch mit dem Erbfall (§ 2317 I BGB) entsteht (oder entstehen würde). Da nur Erbfälle nach der Verkündung des Änderungsgesetzes erfasst sind (Art. 229 § 17 V EGBGB-RegE), werden auch keine bereits entstandenen Pflichtteilsansprüche oder andere bereits entstandene Rechtspositionen eingeschränkt. Der von der Norm erfasste Tatbestand ist also noch nicht abgeschlossen, sodass keine echte Rückwirkung (Rückbewirkung von Rechtsfolgen) vorliegt.

Zu diesem Ergebnis gelangt man ebenfalls nach dem Ansatz des Ersten Senats, wonach eine echte Rückwirkung vorliegt, „wenn ein Gesetz nachträglich ändernd in abgewickelte, der Vergangenheit angehörende Tatbestände eingreift."[177] Als Indiz für die Abgrenzung, ob ein abgeschlossener Tatbestand vorliegt, dient dabei, ob nach alter Rechtslage schon eine „endgültige Rechtsposition" begründet wurde.[178] Das ist, wie gesehen, noch nicht der Fall. Es liegt damit auch nach dem Ansatz des Ersten Senats keine echte Rückwirkung vor.

bb. Unechte Rückwirkung (Tatbestandliche Rückanknüpfung)

Eine unechte Rückwirkung (tatbestandliche Rückanknüpfung) liegt nach der Rechtsprechung des Zweiten Senats vor, „soweit belastende Rechtsfolgen einer Norm erst nach ihrer Verkündung eintreten, tatbestandlich aber von einem bereits ins Werk gesetzten Sachverhalt ausgelöst werden".[179]

§ 2315 I BGB-RegE iVm. Art. 229 § 17 V EGBGB-RegE erfasst wie gesehen alle Zuwendungen des Erblassers an den Pflichtteilsberechtigten, auch diejenigen, die bereits vor der Verkündung der Norm vorgenommen wurden, wenn der Erbfall

---

175 Vgl. Staudinger/*Haas*, BGB, Bearb. 2006, § 2315 Rn. 34; oben C.I.4.a.bb.aaa.α.

176 Vgl. oben B.II.1.

177 BVerfGE 11, 139, 145 f; 57, 361, 391; 68, 287, 306; 72, 175, 196; 95, 64, 86 f; 101, 239, 263 f.

178 Vgl. BVerfGE 101, 239, 264.

179 BVerfG, 2 BvL 14/02 vom 7.7.2010, Rn. 57 (juris); BVerfG, 2 BvR 748/05 vom 07.07.2010, Rn. 46 (juris); BVerfG, 2 BvL 1/03 vom 07.07.2010, Rn. 68 (juris). Vgl. auch BVerfGE 63, 343, 356; 72, 200, 242; 77, 370, 379; 92, 277, 343; 97, 67, 79; 105, 17, 37 f; 109, 133, 181; BVerfG, HFR 2009, 72, 73.

nach dem Inkrafttreten der Norm liegt. Die nachträgliche Anrechnungsbestimmung kann zeitlich zwischen der Zuwendung und dem Erbfall durch Verfügung von Todes wegen erklärt werden. Dabei ist es unerheblich, ob dies vor oder nach der Verkündung des Änderungsgesetzes erfolgt,[180] da die Rechtsfolge erst durch die Neuregelung an sich herbeigeführt wird. Abhängig davon, wann der Erblasser die nachträgliche Bestimmung erklärt, kann dieser Teil des Tatbestandes also vor oder nach der Verkündung des Gesetzes erfüllt werden. Zumindest die Zuwendung erfolgt aber schon vor der Verkündung des Änderungsgesetzes.

Auf der Rechtsfolgenseite wird der Pflichtteilsanspruch, der bei dem Erbfall und damit *nach* der Verkündung der Neuregelung entsteht, durch die Berücksichtigung einer Zuwendung aus der Zeit *vor* der Verkündung der Neuregelung vermindert. Dadurch wird ein tatbestandlich vor der Verkündung ins Werk gesetzter Sachverhalt erfasst und eine belastende Rechtsfolge ausgelöst. Die Neuregelung entfaltet also eine unechte Rückwirkung (tatbestandliche Rückanknüpfung).

Nach dem Ersten Senat des Bundesverfassungsgerichts liegt eine unechte Rückwirkung vor, „wenn eine Norm auf gegenwärtige, noch nicht abgeschlossene Sachverhalte und Rechtsbeziehungen für die Zukunft einwirkt und damit zugleich die betroffene Rechtsposition nachträglich entwertet."[181] Anders als bei der echten Rückwirkung sind insbesondere auch die Fälle erfasst, in denen noch keine „endgültige Rechtsposition" begründet wurde.[182] Danach kommt man zum gleichen Ergebnis wie nach dem Ansatz des zweiten Senats. Die Zuwendung des Erblassers an den Pflichtteilsberechtigten und deren Auswirkung auf den Pflichtteilsanspruch ist als Sachverhalt und Rechtsbeziehung noch gegenwärtig, da dadurch erst beim Erbfall Rechtsfolgen begründet werden. Mangels Eintritt des Erbfalls vor dem Zeitpunkt des Inkrafttretens der Neuregelung ist der Sachverhalt auch noch nicht abgeschlossen. Mit der nachträglichen Berücksichtigung der Zuwendung durch die Neuregelung wird der Pflichtteilsanspruch sodann für die Zukunft entwertet. Der Gesetzesänderung kommt deshalb auch nach diesem Standpunkt unechte Rückwirkung zu.

---

180 Es war ein Ziel des Gesetzesentwurfs, dass die nachträgliche Anrechnungs bestimmung auch schon vor dem Inkrafttreten der Gesetzesänderung erklärt werden kann. Vgl. Begründung B. Art. 2 Entwurf eines Gesetzes zur Änderung des Erb- und Verjährungsrechts der Bundesregierung vom 30.1.2008.

181 BVerfGE 95, 64, 86; 101, 239, 263. Ebenso BVerfGE 14, 288, 297 f; 30, 392,402; 51, 356, 362; 69, 272, 309; 72, 141, 154.

182 Vgl. BVerfGE 101, 239, 264.

b. Zulässigkeit der Rückwirkung

Wenn eine Norm eine unechte Rückwirkung (bzw. tatbestandliche Rückanknüpfung) begründet, ist dem verfassungsrechtlich gebotenen Vertrauensschutz Rechnung zu tragen. Die mit der Rechtsänderung verfolgten Interessen der Allgemeinheit sind mit dem Interesse des Einzelnen an der Fortgeltung der Rechtslage abzuwägen. Entscheidende Bedeutung kommt bei dieser Prüfung dem Grundsatz der Verhältnismäßigkeit zu: Die *Rückwirkung* muss geeignet und erforderlich sein und sie muss die Zumutbarkeit bei einer Gesamtabwägung zwischen dem Gewicht des enttäuschten Vertrauens und dem Gewicht und der Dringlichkeit der Rechtsänderung wahren.[183] Das Änderungsinteresse der Allgemeinheit speziell an der Rückwirkung muss also das Vertrauensinteresse der Betroffenen überwiegen, damit die Rückwirkung zulässig ist.

Der Zweck der nachträglichen Anrechnung auf den Pflichtteil für Zuwendungen, die *ab* dem Zeitpunkt der Verkündung der Gesetzesänderung vorgenommen werden, wurde bereits dargestellt.[184] Mit dem Ziel, die von Art. 14 I 1 GG gewährleistete Testierfreiheit des Erblassers zu erweitern, damit er besser auf veränderte Umstände reagieren kann, verfolgt der Gesetzesentwurf einen legitimen Zweck.[185] Warum die nachträgliche Anrechnung durch das Stichtagsprinzip der Übergangsregelung auch auf Fälle *vor* der Verkündung des Gesetzes erstreckt wird, ist in der Begründung des Regierungsentwurfs nicht näher dargestellt. Es wird lediglich darauf hingewiesen, dass dies der Fall ist.[186] Durch diese Erstreckung wird die Testierfreiheit aber weiter gestärkt. Dies ist ein legitimer Zweck.

Die Neuregelung ist geeignet, diesen Zweck zu erreichen. Die Erstreckung der nachträglichen Anrechnung auf Zuwendungen, die vor der Verkündung des Änderungsgesetzes erfolgten und bisher nicht angerechnet werden konnten, fördert die Testierfreiheit und damit den erstrebten Zweck noch ein Stück weiter.

In der Gesetzesbegründung wird außerdem angeführt, der Erblasser könne durch nachträgliche Bestimmungen über die Anrechnung einer Zuwendung ebenfalls eine Verbesserung der Beziehung zum Zuwendungsempfänger honorieren,

---

183 BVerfG, 2 BvL 14/02 vom 07.07.2010, Rn. 58 (juris); BVerfG, 2 BvR 748/05 vom 07.07.2010, Rn. 47 (juris); BVerfG, 2 BvL 1/03 vom 07.07.2010, Rn. 69 (juris); Vgl. auch BVerfGE 30, 392, 402 ff; 50, 386, 395; 67, 1, 15; 75, 246, 280; 95, 64, 86; 101, 239, 263; 105, 17, 37; 109, 133, 182; 114, 258, 300.

184 Vgl. oben C.I.1.

185 Vgl. oben C.I.1.

186 Vgl. Begründung B. Art. 2 Entwurf eines Gesetzes zur Änderung des Erb- und Verjährungsrechts der Bundesregierung vom 30.1.2008.

falls bei der Zuwendung bereits die Anrechnung auf den Pflichtteil erklärt wurde.[187] Nach dem Gesetzesentwurf war auch die nachträgliche Aufhebung der Anrechnungsbestimmung durch Verfügung von Todes wegen gestattet.[188] Dies spricht aber nicht gesondert für die Geeignetheit der Neuregelung. Eine Aufhebung der Anrechnungsbestimmung ist nach herrschender Meinung schon *de lege lata* als Begünstigung des Pflichtteilsberechtigten möglich.[189] Im Übrigen kann der Erblasser den Zuwendungsempfänger trotz wirksamer Anrechnung ohnehin zu einer beliebigen Quote als Erben einsetzen oder ihm ein Vermächtnis aussetzen. Bedeutung hat die Aufhebung der Anrechnung deshalb nur in den Fällen, in denen eine Verteidigung des Erbteils oder Vermächtnisses gegen andere Pflichtteilsansprüche gemäß §§ 2318 ff BGB notwendig ist und unter Umständen bei der Pflichtteilsergänzung (§ 2327 I 2 BGB).

Wie dargestellt ist die nachträgliche Anrechnung von Zuwendungen aus der Zeit *nach* der Verkündung der Neuregelung das mildeste gleich geeignete Mittel, um die Testierfreiheit gegenüber dem Pflichtteilsrecht zu stärken.[190] Das gilt ebenfalls für die nachträgliche Anrechnung von Zuwendungen aus der Zeit *vor* der Verkündung, da auch in diesem Fall nicht jede Zuwendung nachträglich angerechnet werden muss. Eine gesetzlich angeordnete Anrechnung oder allgemeine Absenkung der Pflichtteilsquote würde auch hier eine stärkere Einschränkung des Pflichtteilsrechts bewirken.[191] Die nachträgliche Anrechnung nur der Neuzuwendungen wäre hingegen nicht in gleicher Weise geeignet die Testierfreiheit zu erweitern, weil der Erblasser dem Pflichtteilsberechtigten erneut eine Zuwendung machen müsste, um eine Anrechnung zu ermöglichen. Damit würde das Ziel, alle Zuwendungen an den Pflichtteilsberechtigten berücksichtigen zu können, nicht erreicht.

Entscheidend für die Zulässigkeit der Rückwirkung ist also die Verhältnismäßigkeit im engeren Sinne. Das Interesse der Allgemeinheit an der Änderung der Rechtslage ist gegen das Vertrauensinteresse der Betroffenen abzuwägen.

---

187 Begründung B. Art. 1 Nr. 23 Entwurf eines Gesetzes zur Änderung des Erb- und Verjährungsrechts der Bundesregierung vom 30.1.2008.

188 Begründung B. Art. 1 Nr. 23 Entwurf eines Gesetzes zur Änderung des Erb- und Verjährungsrechts der Bundesregierung vom 30.1.2008.

189 *J. Mayer*, ZEV 1996, 441, 446; *Thubauville*, MittRhNotK 1992, 289, 298; Staudinger/*Haas*, BGB, Bearb. 2006, § 2315 Rn. 33; Bamberger/Roth/*J. Mayer*, BGB, 2. Aufl., § 2315 Rn. 9; *Nieder/Kössinger*, Handbuch der Testamentsgestaltung, 3. Aufl., S. 188.

190 Vgl. oben C.I.3.

191 Vgl. oben C.I.3.

aa. Änderungsinteresse

Für das Änderungsinteresse spricht, dass der Erblasser die gegenwärtige Rechtslage bei der Zuwendung in der Regel nicht kennt und sich daher auch keine Gedanken über eine Anrechnung macht.[192] Später ist eine Anrechnungsbestimmung dann nicht mehr möglich. Für eine Einschränkung der Pflichtteilsansprüche kann aber ein Bedürfnis bestehen, wenn der Erblasser andere Personen in größerem Umfang und den Zuwendungsempfänger nicht oder nur gering durch Erbeinsetzung oder Vermächtnis bedenken will. Ist nämlich keine Anrechnung auf den Pflichtteil bestimmt worden, steht dem Zuwendungsempfänger gemessen an dem Wert des Nachlasses (§ 2311 I 1 BGB) der volle Pflichtteil zu und beschwert dadurch die Erben und gegebenenfalls die Vermächtnisnehmer (§§ 2303 I 1, 2318 ff BGB). Je nach dem Umfang der Zuwendung kann der Pflichtteilsberechtigte dadurch insgesamt mehr als seinen Pflichtteil oder sogar mehr als seinen gesetzlichen Erbteil erhalten.

<u>Fallbeispiel 1:</u> Der Erblasser wendet seinem einzigen Sohn zur Begründung einer selbständigen Erwerbstätigkeit lebzeitig Vermögen im Wert von 240.000 € zu. Sein restliches Vermögen besteht (nahezu) ausschließlich aus einem Hausgrundstück ebenfalls im Wert von 240.000 €. Als Alleinerbin setzt er seine im gesetzlichen Güterstand mit ihm verheiratete Ehefrau ein, damit sie das Hausgrundstück voll nutzen kann und finanziell abgesichert ist. Beim Erbfall schuldet die Ehefrau allerdings die Erfüllung des Pflichtteilsanspruchs des Sohnes in Höhe von 60.000 € (§§ 2303 I 2, 2311 I 1, 1924 I BGB), obwohl dieser zu Lebzeiten des Erblassers bereits den vollen Gegenwert seines gesetzlichen Erbteils erhielt. Bei knappen Barmitteln ist die Ehefrau dann unter Umständen zum Verkauf des Hausgrundstücks oder zur Einschränkung ihres Lebensstandards gezwungen, um den Pflichtteilsanspruch erfüllen zu können.

Geht man davon aus, dass die Verteilung des Vermögens entsprechend der gesetzlichen Erbquoten im Regelfall angemessen ist, bevorzugt eine lebzeitige Zuwendung des Erblassers den Pflichtteilsberechtigten noch über die Zuwendung hinaus, wenn diese annähernd den Wert des gesetzlichen Erbteils des Zuwendungsempfängers gemessen am Wert des fiktiven Nachlasses[193] erreicht. Diese

---

192 Begründung B. Art. 1 Nr. 23 Entwurf eines Gesetzes zur Änderung des Erb- und Verjährungsrechts der Bundesregierung vom 30.1.2008.

193 Mit fiktivem Nachlasswert ist der Wert des Nachlasses zuzüglich des Wertes der Zuwendung gemeint.

zusätzliche Begünstigung des Zuwendungsempfängers wird mit der Anrechnung der Zuwendung auf seinen Pflichtteilsanspruch verhindert.

Fallbeispiel 2: Das lebzeitige Vermögen des Erblassers beträgt zunächst 480.000 €. Sein Sohn erhält 120.000 € durch Zuwendung unter Lebenden ohne Anrechnungsbestimmung. Der Erblasser ist wie im Fall zuvor im gesetzlichen Güterstand verheiratet. Sein beim Erbfall verbliebenes Vermögen hat einen Wert von 360.000 €. Der Sohn hat also einen Pflichtteilsanspruch in Höhe von 90.000 €. Durch die Zuwendung und den Pflichtteilsanspruch (120.000 € + 90.000 € = 210.000 €) wird der fiktive gesetzliche Erbteil des Sohnes ((360.000 + 120.000) • ½ = 240.000 €)[194] damit noch um 30.000 € unterschritten. In diesem Fall stellt der verbleibende Pflichtteilsanspruch des Sohnes also keine zusätzliche Begünstigung gemessen am gesetzlichen Erbteil nach dem Wert des fiktiven Nachlasses dar. Der Erblasser kann seiner Ehefrau mit Verfügung von Todes wegen demnach ungehindert Vermögen im Wert von 240.000 € zuwenden.

Soweit die lebzeitigen Zuwendungen des Erblassers an den Pflichtteilsberechtigten den Wert des Pflichtteilsanspruchs berechnet am fiktiven Nachlasswert nicht wesentlich übersteigen, ergibt sich gemessen am fiktiven gesetzlichen Erbteil also keine zusätzliche Begünstigung durch den Pflichtteilsanspruch.

Gemessen an dem insgesamt zur Verteilung stehenden Vermögen schränken lebzeitige Zuwendungen an Pflichtteilsberechtigte den Erblasser stärker in seiner Testierfreiheit ein, wenn er eine nicht pflichtteilsberechtigte Person als Erbe oder Vermächtnisnehmer bedenken will:

Fallbeispiel 3: Der unverheiratete Erblasser hat ein lebzeitiges Vermögen im Wert von 480.000 €. Davon wendet er seinen beiden Kindern vor dem Erbfall jeweils 120.000 € zu, um ihnen die Schaffung einer Erwerbsgrundlage zu ermöglichen. Als Alleinerbin setzt er seine nicht mit ihm verheiratete Lebensgefährtin ein. Bei dem Erbfall ist nach den Zuwendungen noch ein Nachlass im Wert von 240.000 € vorhanden. Die beiden Kinder haben jeweils einen Pflichtteilsanspruch in Höhe von 60.000 € (§§ 2303 I 2, 2311 I 1, 1924 I, IV BGB). Die Lebensgefährtin erbt also den Nachlass im Wert von 240.000 €, ist aber in Höhe von insgesamt 120.000 € mit den Pflichtteilsansprüchen belastet, obwohl die Kinder gemessen am fiktiven lebzeitigen Vermögen des Erblassers bereits den vollen Wert ihres fiktiven Pflichtteils erhalten haben.

---

194 Berechnet nach dem Wert des Nachlasses zuzüglich des Wertes der Zuwendung.

Den bisher dargestellten Fällen lag die Annahme zugrunde, dass sich der Wert des lebzeitigen Vermögens des Erblassers vom Zeitpunkt der Zuwendung bis zum Erbfall nicht mehr verändert. Vermindert sich sein Vermögen aber, tritt eine stärkere Einschränkung der Verteilungsmöglichkeiten ein:

Fallbeispiel 4: Der unverheiratete Erblasser E hat zwei Kinder, S und T. Er hat lebzeitiges Vermögen im Wert von 480.000 € und wendet dem S davon elf Jahre vor dem Erbfall 120.000 € ohne Anrechnungsbestimmung oder Ausgleichungsanordnung zu.[195] Danach vermindert sich das Vermögen des E bis zum Erbfall durch Wertverlust um weitere 240.000 € auf 120.000 €. S hat beim Erbfall also noch einen Pflichtteilsanspruch in Höhe von 30.000 € (¼ • 120.000 €) und erhält dadurch insgesamt 150.000 €. Auch wenn T als Alleinerbin eingesetzt ist, kommt ihr daher nur Vermögen im Wert von 90.000 € zugute, falls S seinen Pflichtteilsanspruch geltend macht.

Will der Erblasser in diesem Fall einen Dritten bedenken, verbliebe dazu aufgrund der Pflichtteilsansprüche von S und T lediglich ein Spielraum von 60.000 €.

Problematisch sind demnach die Fälle, in denen gemessen am verbleibenden Nachlass sehr umfangreiche Vermögenswerte zu Lebzeiten zugewendet werden, ohne dass der Erblasser die Konsequenzen für die Erbfolge beachtet hat. Wenn Grundeigentum oder Gesellschaftsanteile übertragen werden, kann der Notar über die Anrechnung oder einen Pflichtteilsverzicht aufklären. Hat der Erblasser keine Kenntnis von der Anrechnung oder entscheidet er sich zunächst gegen die Anrechnung, weil für sie sprechende Umstände erst später eintreten, hat er *de lege lata* keine Möglichkeit, den Pflichtteilsanspruch gegen den Willen des Zuwendungsempfängers zu mindern. Davon ausgehend, dass das Pflichtteilsrecht vor einem Ausschluss von der Teilhabe am Vermögen des Erblassers schützen soll, besteht bei sehr umfangreichen lebzeitigen Zuwendungen an den Pflichtteilsberechtigten jedoch nicht immer ein Bedürfnis für einen ungeschmälerten Pflichtteilsanspruch. Wie die Fallbeispiele zeigen, kann der Erblasser dann eine sachgemäße Verteilung seines verbliebenen Vermögens durch die nachträgliche Anrechnung und eine entsprechende Verfügung von Todes wegen erreichen. So kann eine nach dem Sinn und Zweck des Pflichtteilsrechts nicht gebotene zusätzliche Bevorzugung des Zuwendungsempfängers verhindert werden. Das Änderungsinteresse besteht also darin, die Testierfreiheit des Erblassers durch die Gestattung der nachträglichen Anrechnung einer Zuwendung zu erweitern, damit auch bei umfangreichen

195 Es soll kein Fall der gesetzlichen Ausgleichung greifen.

lebzeitigen Zuwendungen eine angemessene Verteilung der verbliebenen Nachlasswerte möglich ist.

Hingegen ist die nachträgliche Anrechnungsbestimmung nicht für den Fall erforderlich, dass die Beteiligten bereits von der Anrechnung der Zuwendung ausgingen, eine ausdrückliche Bestimmung aber nicht erfolgte. Nach geltendem Recht wird auch die stillschweigende Bestimmung der Anrechnung für wirksam gehalten.[196]

Auch geht der Erblasser nicht generell von einer *gesetzlichen* Anrechnung jeglicher Zuwendung aus, wenn man der Rechtsprechung des Bundesgerichtshofs folgt und der Auffassung eines Teils der Literatur. Danach lässt selbst die bei einer Zuwendung verwendete Klausel „im Wege der vorweggenommenen Erbfolge“ nicht zwingend auf einen Willen des Erblassers zur Anrechnung schließen.[197] Legt man dies als zutreffend zugrunde, bleibt kein Raum für eine generell zu unterstellende Erwartung des Erblassers, die Anrechnung erfolge bereits von Gesetzes wegen.

Dass eine Anrechnung nicht in jedem Fall gewollt sei, unterstellte auch der Gesetzgeber der geltenden Regelung. Bei den Beratungen zum BGB wurde die im I. Entwurf zunächst vorgesehene gesetzliche Anrechnungspflicht von der XII. Kommission für bedenklich und zu weitgehend erklärt und ist daraufhin gestrichen worden.[198]

bb. Vertrauensinteresse

Das Vertrauensinteresse des Zuwendungsempfängers beruht darauf, dass *de lege lata* mit dem Vollzug der Zuwendung feststeht, ob eine Anrechnung auf den Pflichtteil erfolgt. Diesem Umstand kommt erhebliche Bedeutung zu, weil der Zuwendungsempfänger keine Veranlassung hatte, die Ablehnung der Zuwendung

---

196 RGZ 67, 306, 307; RG, Seufferts Archiv 76, Nr. 57 (S. 90); Bamberger/Roth/*J. Mayer*, BGB, 2. Aufl., § 2315 Rn. 6; MüKo/*K. Lange*, BGB, 5. Aufl., § 2315 Rn. 10; Soergel/*Dieckmann*, BGB, 13. Aufl., § 2315 Rn. 6; *Muscheler*, Erbrecht II, S. 2179; *Nieder/Kössinger*, Handbuch der Testamentsgestaltung, 3. Aufl., S. 187. Sofern die Anrechnungsbestimmung etwa aufgrund des § 311b BGB nicht stillschweigend erklärt werden kann, ist in der Regel die notarielle Form erforderlich, sodass der Notar über die Anrechnung aufklären kann.

197 Vgl. BGH, ZEV 2010, 190, 191 ff; *Sostmann*, MittRhNotK 1976, 479, 482 ff; *Thubauville*, MittRhNotK 1992, 289, 297; vgl. auch Staudinger/*Haas*, BGB, Bearb. 2006; § 2315 Rn. 24; Bamberger/Roth/*J. Mayer*, BGB, 2. Aufl., § 2315 Rn. 7.

198 Vgl. den Bericht der XII. Kommission durch den Berichterstatter Schröder gegenüber dem Plenum des Reichstages vom 12.06.1896, wörtlich abgedruckt bei *Mugdan*, Materialien zum BGB, Band V, S. 889.

aufgrund des „Pferdefußes“[199] der Anrechnung in Betracht zu ziehen. Insbesondere im Fall der kurzlebigen, spekulativen oder belasteten Zuwendung ist dies ein für die Annahme der Zuwendung entscheidendes Kriterium, da der Vorteil unsicher ist.[200] Daher ist die nachträgliche Anrechnung einer Zuwendung aus der Zeit vor der Verkündung der Gesetzesänderung eine intensivere Beeinträchtigung des Vertrauens als die nachträgliche Anrechnung einer Zuwendung aus der Zeit danach. In letzterem Fall hat der Pflichtteilsberechtigte nämlich (potenziell) Kenntnis von der Gestattung der nachträglichen Anrechnung. Diese Kenntnis hat der rückwirkend Betroffene nicht. Er darf darauf vertrauen, dass er im schlechtesten Fall zwar die Zuwendung verliert, nicht aber seinen Pflichtteilsanspruch.

Ferner könnten auch Schenkungen unter einer Auflage (§ 525 BGB) nachträglich auf den Pflichtteil angerechnet werden. Für die Ermittlung des anzurechnenden Wertes der Schenkung wird der Wert des *wirtschaftlichen* Vorteils, den der Erblasser durch den Vollzug der Auflage erlangt, von der Schenkung abgezogen.[201] Der anzurechnende Wert mindert sich jedoch nicht, wenn die Erfüllung der Auflage nur in einem immateriellen Interesse besteht. Beispielsweise kommt die Auflage in Betracht, ein bestimmtes Studium oder eine bestimmte Berufsausbildung zu absolvieren. In solchen Fällen kann nachträglich der volle Wert der Schenkung auf den Pflichtteil angerechnet werden, obwohl der Schenkungsempfänger die für ihn erhebliche Auflage bereits erfüllt hat.[202] Es ist naheliegend, dass ein Zuwendungsempfänger die Schenkung nicht annimmt, wenn mit ihr eine erhebliche Hürde verbunden ist und er dennoch eine den Pflichtteil mindernde Anrechnung erwarten muss. Dann fällt es umso mehr ins Gewicht, dass der Zuwendungsempfänger dies nicht in Anbetracht der Anrechnung abwägen konnte.

---

199 So die anschauliche Beschreibung der Anrechnungspflicht bei Bamberger/Roth/*J. Mayer*, BGB, 2. Aufl., § 2315 Rn. 6.

200 Vgl. oben C.I.4.a.cc.bbb.

201 *J. Mayer* ZErb 2007, 130, 134; *Nieder/Kössinger*, Handbuch der Testamentsgestaltung, 3. Aufl., S. 186. In BGHZ 107, 156, 160 f ist der BGH offenbar selbst bei dem Abzug des Wertes einer materiell zu bewertenden Auflage zurückhaltend. Die Entscheidung bezieht sich allerdings nicht auf den Wert einer Auflage im Rahmen des § 2315 BGB.

202 Eine nachträgliche Einschränkung der von Art. 2 I GG gewährleisteten Privatautonomie des Schenkungsempfängers durch nachträgliche Einräumung eines Rechts für den Erblasser, einseitig auf den Inhalt des Vertragsverhältnisses einzuwirken (vgl. dazu Sachs/*Sachs*, GG, 6. Aufl., Art. 2 Rn. 37a), scheidet meines Erachtens aus. Denn das Zuwendungsgeschäft selbst wird durch die nachträgliche Anrechnungsanordnung nicht entwertet.

Die Intensität der Beeinträchtigung des Vertrauens des Zuwendungsempfängers durch die Anrechnung einer Altzuwendung zeigt sich mittels folgenden Vergleichs: Nach gegenwärtiger Rechtslage ist die nachträgliche Anrechnung gegen den Willen des Zuwendungsempfängers als Beeinträchtigung des Pflichtteilsanspruchs nur in Gestalt einer beschränkten Pflichtteilsentziehung (§§ 2333 ff BGB) möglich.[203] Bei der Anrechnung einer Altzuwendung würde der Zuwendungsempfänger also mit einem Pflichtteilsberechtigten gleichgestellt werden, dem ein erhebliches Fehlverhalten in der schwere einer Straftat oder einer Unterhaltspflichtverletzung vorzuwerfen ist.

cc. Vertrauensinteresse des Minderjährigen

Die Rechtsfolge der nachträglichen Anrechnungsbestimmung gemäß § 2315 I BGB-RegE im Minderjährigenrecht[204] hätte zusammen mit der unechten Rückwirkung der Übergangsregelung gemäß Art. 229 § 17 V EGBGB-RegE zu einer besonderen Problematik geführt. Wie gesehen wäre ab dem Inkrafttreten des § 2315 I BGB-RegE jede Zuwendung des Erblassers an sein minderjähriges Kind aufgrund des rechtlichen Nachteils wegen der *potenziellen* nachträglichen Anrechnung schwebend unwirksam gewesen gemäß §§ 107, 108 I BGB.[205] Zuwendungen *bis* zum Tag des Inkrafttretens der Gesetzesänderung wären allerdings voll wirksam geblieben, weil sie (bis dahin) lediglich rechtlich vorteilhaft waren. Da ein späterer Eintritt der schwebenden Unwirksamkeit der Altzuwendungen nicht möglich ist,[206] wären diese unter altem Recht erfolgten Zuwendungen auch nach dem Inkrafttreten der Gesetzesänderung wirksam geblieben, so dass Zuwendungen an Minderjährige aus der Zeit vor dem Inkrafttreten der Gesetzesänderung nachträglich gemäß § 2315 I BGB-RegE auf den Pflichtteil hätten angerechnet werden können. Hingegen wäre dies nicht bei Zuwendungen möglich gewesen, die nach dem Inkrafttreten des § 2315 I BGB-RegE vorgenommen worden wären, weil diese aufgrund des rechtlichen Nachteils von Anfang an schwebend unwirksam gewesen wären. Die Übergangsregelung gemäß Art. 229 § 17 V EGBGB-RegE hätte iVm. § 2315 I

---

203 RGZ 67, 306 ff; Staudinger/*Haas*, BGB, Bearb. 2006, § 2315 Rn. 17 f; Bamberger/Roth/*J. Mayer*, BGB, 2. Aufl., § 2315 Rn. 9; Soergel/*Dieckmann*, BGB, 13. Aufl., § 2315 Rn. 6; Münchkomm/*Lange*, BGB, 5. Aufl., § 2315 Rn. 13; Staudinger/*Ferid/Cieslar*, BGB, 12. Aufl., § 2315 Rn. 35.

204 S.o. C.II.

205 S.o. C.II.

206 S.o. C.II.

BGB-RegE also dazu geführt, dass die nachträgliche Anrechnung von Zuwendungen aus der Zeit vor dem Inkrafttreten der Gesetzesänderung möglich gewesen wäre, obwohl dies jeweils unter der Geltung *nur* des alten oder *nur* des neuen Rechts nicht der Fall gewesen wäre.

Diese übergangsrechtliche Folge hätte durch Umgehung des Minderjährigenrechts und Verletzung des Vertrauensschutzes eine unverhältnismäßige Einschränkung des von Art. 14 I 1 GG gewährleisteten Pflichtteilsrechts bedeutet, da der minderjährige Zuwendungsempfänger nicht die Anrechnung der Zuwendung hätte abwägen können und dies auch nicht von ihm hätte erwartet werden dürfen.

dd. Abwägung der Interessen

Für die Verhältnismäßigkeitsprüfung der rückwirkenden Norm kommt es auf das Interesse gerade an ihrer Rückwirkung an.[207] Bei dieser Abwägung ist festzustellen, dass der Erweiterung der Testierfreiheit des Erblassers spiegelbildlich in gleichem Umfang die Einschränkung des Pflichtteilsrechts des Anrechnungspflichtigen gegenüber steht. Auch in den Fällen, in denen es aufgrund einer umfangreichen Zuwendung zu einer nicht durch den Sinn und Zweck des Pflichtteilsrechts gebotenen weiteren Bevorzugung des Zuwendungsempfängers kommt,[208] liegt darin keine Beeinträchtigung der Rechte von anderen Pflichtteilsberechtigten, Erben oder Vermächtnisnehmern. Abgesehen vom Pflichtteilsrecht, das durch lebzeitige Zuwendungen nicht verletzt wird, sondern in gewissem Umfang durch die Pflichtteilsergänzung gewahrt bleibt, besteht kein Recht auf eine Beteiligung am Vermögen des Erblassers.[209] Das Änderungsinteresse stützt sich demnach ausschließlich auf die Erweiterung der Testierfreiheit. Diese dient als Freiheitsrecht ebenso wie der in Art. 2 I GG verankerte Grundsatz der Privatautonomie der Selbstbestimmung des Einzelnen im Rechtsleben.[210] Da die Testierfreiheit *de lege lata* nicht unverhältnismäßig durch das Pflichtteilsrecht eingeschränkt

207 BVerfG, 2 BvL 14/02 vom 07.07.2010, Rn. 58, 74 (juris); vgl. dazu auch anschaulich *Maurer*, Handbuch des Staatsrechts III, (1. Aufl.), S. 211, 227: „Eine belastende und damit in Grundrechte eingreifende Regelung ist nur dann zulässig, wenn nicht nur der Eingriff als solcher, sondern – im Falle der Rückwirkung – gerade auch der rückwirkende Eingriff im öffentlichen Interesse erforderlich und verhältnismäßig ist."

208 Vgl. die Fallbeispiele oben C.IV.1.b.aa.

209 Vgl. oben B.

210 BVerfGE 99, 341, 350 f; 112, 332, 348 f.

ist,[211] werden also ausschließlich private Rechte des Erblassers zulasten der privaten Rechte des pflichtteilsberechtigten Zuwendungsempfängers erweitert. Nach den verfassungsrechtlichen Vorgaben der Erbrechtsgarantie ist aber weder der Testierfreiheit noch dem Pflichtteilsrecht ein absoluter Vorrang zu geben, sondern es ist das Spannungsverhältnis in einen Ausgleich zu bringen.[212] Folglich stehen sich gleichgewichtige private Interessen gegenüber. Das Änderungsinteresse der Allgemeinheit kann daher nicht das Vertrauensinteresse überwiegen, wenn die Erweiterung der privaten Rechte des einen in gleichem Maße zur Einschränkung der privaten Rechte eines anderen führt. Damit die unechte Rückwirkung gerechtfertigt ist, müsste aber ein überwiegendes Interesse der Allgemeinheit an der rückwirkenden Erweiterung der Testierfreiheit bestehen. Das ist wie gesehen nicht der Fall.

Letztlich überwiegt das Vertrauensinteresse aber auch das Änderungsinteresse, weil die nachträgliche Anrechnung von Altzuwendungen gegenüber Minderjährigen zu einer unverhältnismäßigen Einschränkung des Pflichtteilsrechts durch Umgehung des Minderjährigenrechts geführt hätte.[213] Die unechte Rückwirkung der nachträglichen Anrechnung von Altzuwendungen auf den Pflichtteil gemäß § 2315 I BGB-RegE iVm. Art. 229 § 17 V EGBGB-RegE wäre daher unverhältnismäßig und unzulässig gewesen.

2. Ergebnis

Die Erstreckung der nachträglichen Anrechnung gemäß § 2315 I BGB-RegE iVm. Art. 229 § 17 V EGBGB-RegE auf Zuwendungen vor der Verkündung des Änderungsgesetzes würde durch unechte Rückwirkung das von der Erbrechtsgarantie (Art. 14 I 1 GG) gewährleistete Pflichtteilsrecht in Verbindung mit dem Vertrauensschutzprinzip (Art. 20 III GG) unverhältnismäßig einschränken und wäre insoweit verfassungswidrig.

Im Fall einer künftigen Gesetzesänderung, die die nachträgliche Anrechnung einer Zuwendung auf den Pflichtteil erlaubt, ist daher zur Vermeidung der

211 Vgl. BVerfGE 112, 332, 354 f; Staudinger/*Otte*, BGB, Bearb. 2008, Einl. zu §§ 1922 ff Rn. 83; Dreier/*Wieland*, GG, 2. Aufl., Art. 14 Rn. 67; Münch/Kunig/*Bryde*, GG, 5. Aufl., Art. 14 Rn. 48; *Gaier*, in: Reformfragen des Pflichtteilsrechts, S. 161, 163 ff; **aA.** *Petri*, ZRP 1993, 205, 206.

212 Vgl. oben B.II.2.

213 Vgl. oben C.IV.1.b.cc.

Verfassungswidrigkeit die Anrechnung nur gegenüber im Zeitpunkt der Zuwendung bereits voll geschäftsfähigen Pflichtteilsberechtigten vorzusehen und es ist außerdem eine Übergangsregelung erforderlich, die die nachträgliche Anrechnung von Zuwendungen aus der Zeit vor der Verkündung (bzw. dem Beschluss)[214] des Änderungsgesetzes verbietet.

214 Vgl. zu dieser Ausnahme unten G.I.2.

D. Die nachträgliche Anordnung der Ausgleichung einer Zuwendung

Neben der Anrechnung einer Zuwendung auf den Pflichtteil gibt es ein weiteres Instrument der vorweggenommenen Erbfolge, die Ausgleichung von Zuwendungen unter Abkömmlingen des Erblassers (§§ 2050 ff BGB). Ebenso wie bei der Anrechnung von Zuwendungen (§ 2315 BGB) sah der Regierungsentwurf die Gestattung der nachträglichen Anordnung oder Aufhebung durch Verfügung von Todes wegen vor (§ 2050 IV BGB-RegE). Auch hier sollen die Wirkungen der nachträglichen Ausgleichungsanordnung zunächst ohne die Übergangsregelung untersucht werden, um anschließend die Folgen speziell der Rückwirkung überprüfen zu können.[215]

Anders als die Anrechnung ist die Ausgleichung nur unter Abkömmlingen des Erblassers möglich und hat sowohl Auswirkungen auf die Erbfolge (§§ 2050, 2052, 2055 BGB) als auch auf das Pflichtteilsrecht (§ 2316 BGB). Erhalten Abkömmlinge des Erblassers eine Ausstattung (§ 2050 I BGB), übermäßige, nicht den Vermögensverhältnissen des Erblassers entsprechende Einkommenszuschüsse oder Zuwendungen zur Berufsbildung (§ 2050 II BGB), sind diese zwischen ihnen von Gesetzes wegen auszugleichen (§ 2055 BGB), wenn keine gegenteilige Anordnung des Erblassers erfolgt. Diese durch das Gesetz angeordnete Ausgleichung tritt im Fall der gesetzlichen Erbfolge ein (§ 2050 I BGB). Sie kommt auch zum Tragen, wenn die Abkömmlinge durch Verfügung von Todes wegen auf dasjenige als Erben eingesetzt sind, was sie als gesetzliche Erben erhalten würden, oder wenn ihre Erbteile in demselben Verhältnis zueinander stehen wie die gesetzlichen Erbteile (§ 2052 BGB).

Neben diesen gesetzlich bestimmten Fällen kann die Ausgleichung beliebiger Zuwendungen aber auch aufgrund einer Anordnung des Erblassers erfolgen, wenn sie bei der Vornahme der Zuwendung erklärt wird (§ 2050 III BGB).

Hier setzte der Regierungsentwurf wie bei der nachträglichen Anrechnung an und sah vor, auch die nachträgliche Ausgleichungsanordnung zu gestatten. § 2050 BGB sollte einen vierten Absatz erhalten: „Der Erblasser kann nachträglich Anordnungen über die Ausgleichung oder den Ausschluss der Ausgleichung von Zuwendungen treffen. Die Anordnung erfolgt durch Verfügung von Todes wegen."[216]

---

215 Vgl. dazu dann unten D.II.

216 Art. 1 Nr. 11 Entwurf eines Gesetzes zur Änderung des Erb- und Verjährungsrechts der Bundesregierung vom 30.1.2008.

Der Regierungsentwurf beachtete dabei allerdings nicht, dass die Ausgleichung bei der Erbfolge und dem Pflichtteilsrecht jeweils unterschiedlich zu behandeln ist: „Will der Erblasser von den gesetzlichen Vermutungen abweichen, muss er dies spätestens bei der Zuwendung erklären. Nachträglich kann der Erblasser keine Anordnung über die Ausgleichung oder deren Ausschluss treffen.“[217] Nach gegenwärtiger Rechtslage ist es jedoch ohne weiteres möglich, dass die Ausgleichung durch Verfügung von Todes wegen nachträglich noch mit Wirkung für die *Erbfolge* angeordnet oder ausgeschlossen werden kann. Der Erblasser kann ein Vermächtnis zulasten des Zuwendungsempfängers und zugunsten der anderen Abkömmlinge in Höhe des Wertes der Zuwendung aussetzen.[218] Umgekehrt ist es dadurch ebenso möglich, eine Ausgleichungspflicht zu kompensieren.

Die *pflichtteilsrechtliche* Wirkung der Ausgleichung gemäß § 2316 BGB kann nach gegenwärtiger Rechtslage hingegen nicht nachträglich durch Verfügung von Todes wegen angeordnet werden, da dies eine Beeinträchtigung des Pflichtteilsanspruchs wäre. Wegen der Regelung gemäß § 2316 III BGB kann aber auch der spätere Ausschluss einer bei der Zuwendung erklärten Ausgleichung nicht erfolgen. Die Ausgleichung verringert gemäß § 2316 I BGB nicht nur den Pflichtteilsanspruch des Zuwendungsempfängers, sondern sie erhöht auch den Pflichtteilsanspruch der anderen pflichtteilsberechtigten Abkömmlinge entsprechend. Daher ist der Ausschluss einer Ausgleichungspflicht des einen Abkömmlings stets eine Beeinträchtigung des Pflichtteilsanspruchs eines anderen Abkömmlings. Nach allgemeiner Meinung ist die Regelung gemäß § 2316 III BGB entgegen ihrem Wortlaut ebenfalls auf Zuwendungen im Sinne des § 2050 II, III BGB anzuwenden, weil die Verweisung lediglich auf Absatz 1 ein redaktionelles Versehen ist und die Norm nach ihrem Sinn und Zweck alle von der Ausgleichung betroffenen Zuwendungen erfasst.[219]

---

217 Begründung B. Art. 1 Nr. 11, 12 Entwurf eines Gesetzes zur Änderung des Erb- und Verjährungsrechts der Bundesregierung vom 30.1.2008.

218 Staudinger/*Otte*, BGB, Bearb. 2008, Einl. zu §§ 1922 ff Rn. 129; Staudinger/*Werner*, BGB, Bearb. 2010, § 2050 Rn. 33; MüKo/*Ann*, BGB, 5. Aufl., § 2050 Rn. 21; Soergel/*Wolf*, BGB, 13. Aufl., § 2050 Rn. 19; Bamberger/Roth/*Lohmann*, BGB, 2. Aufl., § 2050 Rn. 10; Palandt/*Weidlich*, BGB, 71. Aufl., § 2050 Rn. 10; *J. Mayer*, ZEV 1996, 441, 443.

219 RGZ 90, 419, 423; *J. Mayer*, ZErb 2007, 130, 131 und 137; *Thubauville*, MittRhNotK 1992, 289, 298; Planck/*Greiff*, BGB, 4. Aufl., § 2315 Anm. 7; RGRK/*Johannsen*, BGB, 12. Aufl., § 2316 Rn. 17; Staudinger/*Haas*, BGB, Bearb. 2006, § 2316 Rn. 13; MüKo/*K. Lange*, BGB, 4. Aufl., § 2316 Rn. 8; Bamberger/Roth/*J. Mayer*, BGB, 2. Aufl., § 2316 Rn. 17; Damrau/*Riedel/Lenz*, BGB, § 2316 Rn. 9; Nieder/Kössinger/*Nieder*, Handbuch der Testamentsgestaltung, S. 166 (§ 2 Rn. 223); Palandt/*Weidlich*, BGB, 71. Aufl., § 2316 Rn. 2.

Daraus folgt, dass der Erblasser die einmal angeordnete Ausgleichung einer Zuwendung nicht mit Wirkung für das Pflichtteilsrecht ausschließen kann. Dies gilt auch für die nach dem Gesetzesentwurf vorgesehene nachträgliche Ausgleichungsanordnung, da in dem Entwurf keine Änderung des § 2316 BGB vorgesehen war.[220] Der Erblasser könnte danach zwar nachträglich die Ausgleichung positiv anordnen, von einer bei der Zuwendung oder nachträglich erfolgten Anordnung aber nicht mehr mit Wirkung für das Pflichtteilsrecht abweichen. In Kombination damit, dass die nachträgliche Anordnung hinsichtlich der Erbteile ohnehin schon möglich ist, geht der Regierungsentwurf und dessen Begründung deshalb fehl: „Die Reform des Erb- und Verjährungsrechts will die Testierfreiheit des Erblassers stärken. Deshalb erhält der Erblasser künftig die Möglichkeit, nachträglich die Ausgleichung anzuordnen oder auszuschließen. Das bedeutet, dass er künftig

- eine Anordnung über die Ausgleichung oder deren Ausschluss nachträglich treffen oder
- eine bei Zuwendung oder nachträglich erklärte Anordnung wieder rückgängig machen kann.

Der Erblasser kann also seine Entscheidungen immer wieder ändern."

Ungeachtet dieser Schwächen des Gesetzesentwurfs stellt sich wie im Fall der nachträglichen Anrechnung die Frage, ob durch die nachträgliche Anordnung der Ausgleichung eine Verletzung verfassungsmäßiger Rechte in Betracht kommt. Denn die nachträgliche Ausgleichungsanordnung hätte durch die Übergangsregelung gemäß Art. 229 § 17 V EGBGB-RegE ebenfalls Zuwendungen aus der Zeit vor der Verkündung des Änderungsgesetzes erfasst und zudem die Zuwendungen gegenüber Minderjährigen.[221]

I. Ausgleichungsanordnung einem Minderjährigen gegenüber

Wie bei der nachträglichen Anrechnungsbestimmung sollte der Erblasser nach dem Regierungsentwurf über die Ausgleichung einer Zuwendung mittels nachträglicher Anordnung frei entscheiden können, um dadurch einen Pflichtteilsanspruch

220 Vgl. *Keim*, ZEV 2008, 161, 165; vgl. auch *Schaal/Grigas*, BWNotZ 2008, 2, 3.
221 Vgl. oben C.IV.1.b.cc.

zu vermindern.[222] Es hätte also auch hier die Gefahr bestehen können, dass das Pflichtteilsrecht dadurch unverhältnismäßig eingeschränkt wird.

Eine Zuwendung unter Ausgleichungsanordnung wird *de lege lata* im Gegensatz zur Anrechnungsanordnung[223] überwiegend als lediglich rechtlich vorteilhaft bewertet.[224] Diese Auffassung wird vielfach auf die bereits angesprochene Entscheidung des Bundesgerichtshofs vom 10.11.1954 gestützt.[225] Wie bereits dargestellt wurde, hat der Bundesgerichtshof aber ausdrücklich von der Entscheidung Abstand genommen.[226] Es ist also näher zu untersuchen, welche Wirkung die Ausgleichung hat und wie diese Wirkung hinsichtlich des lediglich rechtlichen Vorteils zu bewerten ist. Wenn eine Zuwendung unter Ausgleichungsanordnung *de lege lata* nämlich zu Recht als lediglich rechtlich vorteilhaft bewertet wird, ergäbe sich *insoweit* keine weitergehende Einschränkung des Pflichtteilsrechts.

1. Rechtsnatur der Ausgleichung

Rechtsdogmatisch sind zwei Möglichkeiten denkbar, wie sich die Ausgleichung auswirkt. Erstens könnte dem Ausgleichungspflichtigen aus dem Nachlass unmittelbar aufgrund seines Erbrechts (genauer: aufgrund seiner erbrechtlichen Beteiligung am Nachlass) weniger und dem Ausgleichungsberechtigten mehr zustehen. Zweitens könnte sich die Pflicht und das Recht auf Ausgleichung aus einem besonderen Recht ergeben, das einen Anspruch auf Durchführung der Ausgleichung gegen den Verpflichteten gewährt. In letzterem Fall bestünde dann ein selbständiges Schuldverhältnis auf Ausgleichung. Dass dabei durch die §§ 2050 ff BGB keinesfalls ein selbständiger Anspruch auf *Zahlung* des auszugleichenden Betrages gegen den Ausgleichungspflichtigen begründet wird, ist nach dem

---

222 Vgl. oben C.I.4.a.aa.

223 Vgl. oben C.I.4.a.bb.aaa.

224 Soergel/*Wolf*, BGB, 13. Aufl., § 2050 Rn. 20; Staudinger/*Werner*, BGB, Bearb. 2002, § 2050 Rn. 32; RGRK/*Kregel*, BGB, 12. Aufl., § 2050 Rn. 14, 18; MüKo/*Heldrich*, BGB, 4. Aufl., § 2050 Rn. 31; Palandt/*Weidlich*, BGB, 71. Aufl., § 2050 Rn. 10; Bamberger/Roth/*Lohmann*, BGB, 2. Aufl., § 2050 Rn. 10; KK-Erbrecht/*Juchem*, BGB, § 2050 Rn. 10; *Pentz*, MDR 1998, 1266, 1268; *Frischknecht*, BWNotZ 1960, 269; **aA.** *H. Lange*, NJW 1955, 1339, 1343; *Kasper*, Anrechnung und Ausgleichung im Pflichtteilsrecht, S. 26, 27; *Muscheler*, Erbrecht I, 714.

225 BGHZ 15, 168, 170 f. Vgl. dazu oben C.I.4.a.bb.aaa.γ.

226 Vgl. oben C.I.4.a.bb.aaa.γ.

Wortlaut des § 2055 I BGB eindeutig[227] und wird auch nicht bezweifelt.[228] Darüber hinaus ist ebenfalls unzweifelhaft und unbestritten, dass der Vorempfang vom Nachlass unabhängig ist und nicht selbst zurückzugewähren ist.[229]

Zu erwähnen ist ferner, dass bei der Bestimmung der Rechtsnatur der Ausgleichung auf die Motive zum I. Entwurf des BGB nur beschränkt zurückgegriffen werden kann.[230] Der I. Entwurf sah noch einen selbständigen Zahlungsanspruch gegen den Ausgleichungspflichtigen vor: „Der Entwurf stellt die Ausgleichungspflicht völlig unabhängig von der sonstigen Auseinandersetzung der Erben hin.“[231] „Den Inhalt der Ausgleichungspflicht bestimmt der § 2163 dahin, daß der Verpflichtete jedem Berechtigten soviel zu entrichten habe, als der letztere erhalten würde, wenn ein dem Werthe des Vorempfangenen entsprechender Geldbetrag unter die Berechtigten und den Verpflichteten nach Verhältnis ihrer gesetzlichen Erbtheile zu verteilen wäre. Auf die Auseinandersetzung wird aus den S. 699 ff. dargelegten Gründen nicht Bezug genommen.“[232] Danach sollte die Ausgleichung nicht im Rahmen der Auseinandersetzung stattfinden, sondern selbständig daneben durchzuführen sein. So wie die Ausgleichung in den §§ 2050 ff BGB schließlich Gesetz geworden ist, wird sie jedoch im Wege der Auseinandersetzung gemäß §§ 2042 ff BGB durchgeführt (§ 2055 I 1 BGB).

---

227 Gemäß § 2055 I 1 BGB wird der Wert der Zuwendung (nur) „auf seinen Erbteil angerechnet“, also *verrechnet.*

228 Staudinger/*Werner*, BGB, Bearb. 2002, § 2050 Rn. 4; MüKo/*Ann*, BGB, 5. Aufl., § 2050 Rn. 17; Bamberger/Roth/*Lohmann*, BGB, 2. Aufl., § 2050 Rn. 2; Planck/*Ebbecke*, BGB, 4. Aufl., Vorbm. zu §§ 2050 ff; RGRK/*Kregel*, BGB, 12. Aufl., § 2050 Rn. 4. Insbesondere wird das, wie von manchen unzutreffend zitiert, auch nicht in Frage gestellt von *Schiffner*, Pflichtteil, Erbenausgleichung und die sonstigen gesetzlichen Vermächtnisse, S. 114, 115. *Schiffner* geht von einem gesetzlichen Vermächtnis aus. Inhalt des Vermächtnisses soll nur sein, dass die Ausgleichung bei der Auseinandersetzung entsprechend der Regelung des § 2055 BGB vorgenommen wird, nicht aber dass ein Anspruch auf Zahlung entsteht.

229 Das Gesetz spricht vom „Wert der Zuwendung“. Außerdem wäre der Zuwendungsempfänger doppelt beschwert, wenn er sich einerseits den Wert der Zuwendung anrechnen lassen müsste und andererseits auch den Wert der Zuwendung herauszugeben hätte. Vgl. auch RGRK/*Kregel*, BGB, 12. Aufl., § 2050 Rn. 4.

230 Motive zu dem Entwurfe eines Bürgerlichen Gesetzbuches, amtl. Ausgabe, Band V, S. 698 ff.

231 Motive zu dem Entwurfe eines Bürgerlichen Gesetzbuches, amtl. Ausgabe, Band V, S. 699 f.

232 Motive zu dem Entwurfe eines Bürgerlichen Gesetzbuches, amtl. Ausgabe, Band V, S. 708.

a. Auffassungen im Schrifttum

Schon unmittelbar nach Inkrafttreten des BGB war die Frage nach der Rechtsnatur der Ausgleichung sehr umstritten. *Schiffner* vertrat dazu: „Es wird ja kraft Rechtens vorerst eine Forderung bezw. eine Verpflichtung auf Ausgleichung unter den Erben mit deren Erbfolge begründet; und diese wird bei der Auseinandersetzung eben dadurch realisiert, daß um den betreffenden Wertbetrag die einen mehr, die anderen weniger aus dem Nachlasse erhalten, als ihnen ohne die Kollationsvorschrift sonst zukommen würde."[233] Die Besonderheit an *Schiffners* Auffassung ist, dass die Forderung und die Verpflichtung auf Ausgleichung ein „gesetzliches Vermächtnis" seien.[234]

Dies wurde überwiegend abgelehnt. Insbesondere weil ein Vermächtnis auch Nachlassverbindlichkeit sein könne (§ 1967 II BGB), das Ausgleichungsverhältnis sich aber nicht gegen den Nachlass, sondern immer nur gegen die an der Ausgleichung beteiligten Abkömmlinge des Erblassers richte, also nicht zwangsläufig gegen alle Erben.[235] Auch heute wird das Vermächtnis als Rechtsnatur der Ausgleichung überwiegend abgelehnt.[236] Ganz ist die Auffassung aber nicht aufgegebenen worden. *K. Lange* vertritt, „ihrem Wesen nach stellt die Anordnung der Ausgleichung ein Vermächtnis zu Lasten des Ausgleichungspflichtigen und zugunsten des Berechtigten dar."[237]

Ohne auf die Vermächtnislösung zurückzugreifen vertrat *Binder* eine im Ausgangspunkt dogmatisch gleich ansetzende Konstruktion wie *Schiffner*: Die Ausgleichung „besteht freilich nicht in einer rein persönlichen Beziehung unter den Miterben, sondern in einer aktiv und passiv an die Anteilsberechtigung am Nachlaß gebundenen Obligation, wie sich darin zeigt, daß der Ausgleichungsanspruch bei der Auseinandersetzung geltend zu machen ist und nur bei der Auseinandersetzung

---

233 *Schiffner*, Pflichtteil, Erbenausgleichung und die sonstigen gesetzlichen Vermächtnisse, S. 112 f, 115.

234 *Schiffner*, Pflichtteil, Erbenausgleichung und die sonstigen gesetzlichen Vermächtnisse, S. 112 f, 115.

235 Planck/*Strohal*, BGB, 3. Aufl., Vorbm. zu §§ 2050–2057 Anm. 4; *Binder*, Die Rechtsstellung des Erben III, S. 177 ff; Staudinger/*Herzfelder*, BGB, 9. Aufl., § 2050 Anm. II mwN.

236 Staudinger/*Werner*, BGB, Bearb. 2002, § 2050 Rn. 6; Soergel/*Wolf*, BGB, 13. Aufl., § 2050 Rn. 4; Erman/*Schlüter*, BGB, 12. Aufl., § 2055 Rn. 1; Bamberger/Roth/*Lohmann*, BGB, 2. Aufl., § 2050 Rn. 2; MüKo/*Heldrich*, BGB, 4. Aufl., § 2050 Rn. 17; Planck/*Ebbecke*, BGB, 4. Aufl., Vorbm. zu §§ 2050 ff; **aA.** *H. Lange*/*Kuchinke*, Erbrecht, 5.Aufl., S. 321.

237 *K. Lange*, Erbrecht, 1. Aufl., S. 630.

erfüllt werden kann. Ebenso wie das Recht auf Auseinandersetzung ist auch das Recht auf Ausgleichung ein Anspruch".[238]

Diese Auffassung entspricht dem, was heute in der Literatur überwiegend vertreten wird. Und zwar soll ab dem Erbfall – nicht früher – die Ausgleichungspflicht ein mit dem Erbteil verbundenes (gesetzliches[239]) Schuldverhältnis mit der Verpflichtung begründen, dass der Ausgleichungspflichtige die Verrechnung der Vorempfänge bei der Auseinandersetzung durchzuführen habe.[240]

Im Gegensatz dazu hat die Ausgleichungsberechtigung nach *Strohal* „nicht den Charakter eines dem Ausgleichungsberechtigten neben seinem Erbrecht zustehenden Forderungsrechts, sondern nur den einer besonderen Eigenschaft des Erbrechts des Ausgleichungsberechtigten, zufolge welcher dieser bei der Auseinandersetzung einen größeren Anteil des Nachlasses für sich in Anspruch nehmen kann (…). Dem entsprechend verhält es sich auch mit der Ausgleichungspflicht; sie ist nicht eine den Ausgleichungspflichtigen belastende obligationenrechtliche Verbindlichkeit (Schuld), sondern eine den Gehalt seines Erbrechts mindernde Eigenschaft, vermöge deren er aus dem Nachlaß weniger erhält".[241] Zu beachten ist dabei, dass nicht die Erbteile als solche eine Vergrößerung oder Verkleinerung erführen, sondern dass nur die vermögensmäßige Beteiligung am Nachlass verändert werde, also das Teilungsverhältnis.

Dieser Auffassung entspricht dem Grundsatz nach der Standpunkt von *Kipp/Coing*, wonach die Ausgleichungsanordnung das jeweilige Erbrecht der Beteiligten „gestalte".[242]

Ebenfalls nicht auf eine schuldrechtliche Wirkung abstellend hatte *Binder* zuvor die Ansicht verfochten, bevor er diese Auffassung wieder zugunsten der

---

238 *Binder*, Erbrecht, S. 55, 56; dem folgend: RGRK/*Kregel*, BGB, 12. Aufl., § 2050 Rn. 4; Staudinger/*Lehmann*, BGB, 11. Aufl., § 2050 Rn. 3; Staudinger/*Werner*, BGB, Bearb. 2002, § 2050 Rn. 5.

239 MüKo/*Ann*, BGB, 5. Aufl., § 2050 Rn. 17 (vgl. insbesondere auch die Vorauflage aaO.); *Brox/Walker*, Erbrecht, 23. Aufl., Rn. 536; *Muscheler*, Erbrecht I, S. 722.

240 *Thubauville*, MittRhNotK 1992, 289, 298 („obligatorische Rechte bzw. Pflichten"); *Krescher/Tanck*, ZEV 1997, 354, 356; Soergel/*Wolf*, BGB, 13. Aufl., § 2050 Rn. 4 („Pflicht" des Ausgleichungspflichtigen); Bamberger/Roth/*Lohmann*, BGB, 2. Aufl., § 2055 Rn. 1; *J. Mayer*, ZEV 1996, 441, 445 geht sogar davon aus, dass der „Ausgleichungsanspruch" zu Lebzeiten des Erblassers den anderen Abkömmlingen gegenüber erlassen werden könne, da § 311b IV 2 BGB nicht greife, weil der „Ausgleichungsanspruch" nur die „Berechnungsmodalitäten" ändere.

241 *Strohal*, Erbrecht I, 3. Aufl., S. 78; außerdem Planck/*Strohal*, BGB, 3. Aufl., Vorbm. zu §§ 2050–2057 Anm. 3.

242 *Kipp/Coing*, Erbrecht, 13. Aufl., S. 670.

oben dargestellten verwarf, dass eine Veränderung nur der vermögensmäßigen Beteiligung am Nachlass nicht denkbar sei und daher unmittelbar die Erbteile betroffen wären.[243] Diese Ansicht hat sich nicht durchsetzen können, da dann ein vollumfänglich Ausgleichungspflichtiger seine Beteiligung an der Erbengemeinschaft an sich verlieren würde.

Im neueren Schrifttum wendet sich *Eberl-Borges* ebenfalls gegen die Konstruktion als Anspruch und Verbindlichkeit. Die Ausgleichung soll vielmehr ein gesetzlich angeordneter Fall der Anrechnung sein, vergleichbar mit §§ 324 I 2, 552 S. 2, 649 S. 2 BGB aF. oder der Vorteilsausgleichung bei der Berechnung von Schadensersatz.[244]

b. Auffassung der Rechtsprechung

In der angesprochenen Entscheidung BGHZ 15, 168 hat sich der Bundesgerichtshof weder für eine der vorgenannten älteren Auffassungen ausgesprochen, noch ist er überhaupt auf den Streitstand bezüglich der Rechtsnatur der Ausgleichung eingegangen, obwohl es um die Bestimmung des lediglich rechtlichen Vorteils ging und im Schrifttum von einer schuldrechtlichen Verpflichtung zur Ausgleichung gesprochen wurde.[245] Wie dargestellt ist dies dadurch zu erklären, dass der Bundesgerichtshof die Rechtswirkungen der Ausgleichung auf das Erfüllungsgeschäft zurückführte und einen rechtlichen Nachteil des Erfüllungsgeschäfts als generell unerheblich ansah.[246] Mit Gewissheit lässt sich dies jedoch nicht sagen, da die Entscheidung in diesem Punkt keine Begründung liefert.[247] Insbesondere wurde die *pflichtteilsrechtliche* Wirkung der Ausgleichung (§ 2316 BGB) nicht berücksichtigt.

Es ist deshalb nicht zutreffend, wenn in der Literatur ohne weitergehende Begründung die Argumentation der Entscheidung („keine schuldrechtliche Verpflichtung") als Beleg für den lediglich rechtlichen Vorteil einer Zuwendung unter Ausgleichungsanordnung angeführt wird.[248]

---

243 *Binder*, Die Rechtsstellung des Erben III, S. 185 f.

244 *Eberl-Borges*, Die Erbauseinandersetzung, S. 236.

245 Vgl. dazu oben D.I.1.a.

246 Vgl. oben C.I.4.a.bb.aaa.γ.

247 Zweifel an der Begründung der Entscheidung hegt ebenfalls *Muscheler*, Erbrecht I, S. 714.

248 Vgl. aber Soergel/*Wolf*, BGB, 13. Aufl., § 2050 Rn. 20; Staudinger/*Werner*, BGB, Bearb. 2002 § 2050 Rn. 32; RGRK/*Kregel*, BGB, 12. Aufl., § 2050 Rn. 14, 18; MüKo/*Ann*, BGB, 5. Aufl., § 2050 Rn. 31; Bamberger/Roth/*Lohmann*, BGB, 2. Aufl., § 2050 Rn. 10; *Pentz*, MDR 1998, 1266, 1268.

In einer späteren Entscheidung des Bundesgerichtshofs, in der es ohne die Problematik des lediglich rechtlichen Vorteils auf die Rechtswirkung der Ausgleichung ankam, wurde angenommen, dass die Ausgleichung die Teilungsquote (§ 2047 I BGB) verschiebe – nicht etwa die Erbteile – und insbesondere keinen Zahlungsanspruch begründe.[249] Die Rechtsprechung wurde später bestätigt[250] und fand im Schrifttum Zustimmung.[251]

c. Stellungnahme zur Ausgleichungspflicht als Schuldverhältnis

Die heute in der Literatur überwiegend vertretene Auffassung, nach der die Ausgleichungspflicht ein Schuldverhältnis begründen soll,[252] erscheint fragwürdig. Widersprüchlich ist bereits, dass einerseits eine Verpflichtung des Ausgleichungspflichtigen auf Einhaltung des Verrechnungsverfahrens angenommen wird, aber andererseits den Minderjährigen keinerlei schuldrechtliche[253] Verpflichtung durch die Ausgleichungsanordnung gemäß § 2050 III BGB treffe. Diese Argumentation kann auch nicht unter der Annahme geführt werden, dass die schuldrechtliche Verpflichtung erst mit dem Erbfall entstehe und daher *im Zeitpunkt der Zuwendung* keine Verpflichtung begründet werde. Denn auch eine künftige Verpflichtung ist ein rechtlicher Nachteil. Außerdem wäre die Wirkung der Ausgleichungsanordnung dann immer noch ungeklärt, wenn die schuldrechtliche Verpflichtung nicht auf sie zurückzuführen wäre.

Insbesondere hilft es nicht weiter, die Ausgleichungspflicht als *gesetzliches* Schuldverhältnis zu bezeichnen.[254] Dies ist hinsichtlich des § 2050 I, II BGB noch

249 BGHZ 96, 174, 178 ff.

250 BGH, FamRZ 1989, 175; FamRZ 1992, 665, 666.

251 Staudinger/*Werner*, BGB, Bearb. 2002, § 2050 Rn. 4 f; Soergel/*Wolf*, BGB, 13. Aufl., § 2050 Rn. 4; MüKo/*Heldrich*, BGB, 4. Aufl., § 2050 Rn. 17; RGRK/*Kregel*, BGB, 12. Aufl., § 2050 Rn. 4; Bamberger/Roth/*Lohmann*, BGB, 2. Aufl., § 2050 Rn. 2; *Muscheler*, Erbrecht I, S. 721.

252 MüKo/*Ann*, BGB, 5. Aufl., § 2050 Rn. 17; *Brox/Walker*, Erbrecht, 23. Aufl., Rn. 536; *J. Mayer*, ZEV 1996, 441, 445; *Thubauville*, MittRhNotK 1992, 289, 298; *Krescher/Tanck*, ZEV 1997, 354, 356; Soergel/*Wolf*, BGB, 13. Aufl., § 2050 Rn. 4; Bamberger/Roth/*Lohmann*, BGB, 2. Aufl., § 2055 Rn. 1. Vgl. oben D.I.1.a.

253 Es ist davon auszugehen, dass „schuldrechtlich" in diesem Kontext im Sinne von Anspruch und Verpflichtung zu verstehen ist und nicht (einschränkend) die Herkunft des Entstehungsgrundes beschreibt. Denn dass die Ausgleichungspflicht nicht dem Schuldrecht zu entnehmen ist, sondern dem Erbrecht, bedarf keiner Erwähnung.

254 So aber MüKo/*Heldrich*, BGB, 4. Aufl., § 2050 BGB Rn. 17: „Vielmehr handelt es sich um ein mit den betroffenen Miterbenanteilen verbundenes gesetzliches

nachvollziehbar, falls man die Auffassung von der Rechtsnatur als Schuldverhältnis vertritt, da es sich um gesetzlich angeordnete Fälle der Ausgleichung handelt. Für § 2050 III BGB, wonach die Ausgleichungspflicht aufgrund der Anordnung des Erblassers eintritt, kann das aber nicht gelten. Zwar erfolgt die Ausgleichung durch Anwendung einer gesetzlich vorgegebenen Berechnungsregel (§ 2055 BGB), diese wird aber erst durch die Ausgleichungs*anordnung* (§ 2050 III BGB) in Vollzug gesetzt. Die Rechtsfolge in Gestalt der Ausgleichungspflicht tritt damit aufgrund eines *Rechtsgeschäfts* ein. Ebenso fern liegt es beispielsweise, den Vermächtnisanspruch (§ 2174 BGB) und die Vermächtnisschuld als *gesetzliches* Schuldverhältnis einzuordnen. Diese Ansprüche entstehen aufgrund der Verfügung von Todes wegen, also ebenfalls durch ein Rechtsgeschäft.

Eine Differenzierung der Rechtsnatur der Ausgleichung, je nach dem sie begründenden Tatbestand, wird von den Vertretern des „gesetzlichen Schuldverhältnisses" aber schon nicht vorgenommen.[255]

Für eine schuldrechtliche Verpflichtung kann einzig der Wortlaut des § 2050 BGB angeführt werden, wenn er ohne die Motive und Protokolle des I. und II. Entwurfs ausgelegt wird. In der amtlichen Überschrift wird von der „Ausgleichungspflicht" und in Absatz 1 von „verpflichtet" gesprochen. Dies ist aber bereits dadurch zu relativieren, dass nach § 2055 I 1 BGB, der die Durchführung der Ausgleichung regelt, der Wert der Zuwendung bei der Auseinandersetzung auf den Erbteil „*angerechnet*" wird. Dazu ist kein Tun oder Unterlassen des Ausgleichungspflichtigen erforderlich, das Inhalt von Anspruch und Schuld sein könnte.

Außerdem ist zu berücksichtigen, dass der I. Entwurf des BGB zunächst die Ausgleichungsberechtigung als Zahlungsanspruch ansah und diese Forderung „*nicht* als Bestandtheil des gesetzlichen Erbteils" galt (§ 2164 II BGB-E I).[256] Die II. Kommission nahm dann aber von der Rechtsnatur der Ausgleichungspflicht als vom Erbteil besonderes Recht ausdrücklich Abstand, ersetzte den § 2164 BGB-E I durch den heutigen § 2056 BGB und behielt lediglich die Terminologie bei: „Der Antrag bezweckt in Übereinstimmung mit einem Vorschlage des preuß.

Schuldverhältnis zwischen den an der Ausgleichung positiv und negativ Beteiligten, aus dem die Verpflichtung folgt, das gesetzlich für ausgleichspflichtige Vorempfänge vorgesehene Anrechnungsverfahren (§ 2055) bei der Auseinandersetzung durchzuführen."; ebenso *Brox/Walker*, Erbrecht, 23. Aufl., Rn. 536; *Muscheler*, Erbrecht I, S. 722.

255 Vgl. dazu die Begründungen bei *Muscheler*, Erbrecht I, S. 722; MüKo/*Heldrich*, BGB, 4. Aufl., § 2050 BGB Rn. 17; *Brox/Walker*, Erbrecht, 23. Aufl., Rn. 536.

256 Motive zu dem Entwurfe eines Bürgerlichen Gesetzbuches, amtl. Ausgabe, Band V, S. 710 (Hervorhebung vom Verfasser).

Justizministers die in den Entw. aufgenommene, von der Erbauseinandersetzung losgelöste Werthausgleichung durch die sich an die Auseinandersetzung anschließende rechnerische Kollation zu ersetzen, welche sich im A.L.R. II, 2 § 303 ff. findet und dem Systeme der Erbengemeinschaft entspricht.“[257] Danach begründet die rechnerisch durchzuführende Ausgleichungspflicht gerade keinen selbständigen Anspruch.

Die Annahme eines Schuldverhältnisses und die demgemäß geschuldete Handlung würden darüber hinaus zu der Konsequenz führen, dass *bei der Auseinandersetzung erst noch geleistet werden müsste*. Das würde bedeuten, dass der Ausgleichungspflichtige zwar einen ungeschmälerten, also seinem Erbteil entsprechenden Anspruch auf den Überschuss bei der Auseinandersetzung hätte (§ 2047 I BGB), aber dem Ausgleichungsberechtigten ein Anspruch auf Einhaltung der Ausgleichungspflicht zustehen würde. Daher dürfte der Ausgleichungspflichtige, wollte er diese Verpflichtung erfüllen, seinen Anspruch auf den Überschuss nicht in vollem Umfang geltend machen. Diese Konstruktion ist abwegig.

Auch praktisch ist ein solches Verständnis nicht zu handhaben. Denn als *Anspruch* auf Einhaltung des Verrechnungsverfahrens würde die Ausgleichung der Verjährung unterliegen, seit dem 1. Januar 2010 sogar der Regelverjährung (§§ 195, 199 I BGB).[258] Dieses Ergebnis überzeugt in keiner Hinsicht, da die Auseinandersetzung einer Erbengemeinschaft viele Jahre in Anspruch nehmen kann. Wollte man den Anspruch auf Einhaltung des Verrechnungsverfahrens erst mit Beginn der Auseinandersetzung entstehen lassen, wäre dem Problem ebenfalls nicht abgeholfen. Der Anspruch müsste mit der ersten Teilauseinandersetzung entstehen, bis zur endgültigen Auseinandersetzung kann aber weiterhin sehr viel Zeit vergehen.

Es zeigt sich also, dass die Ausgleichungspflicht entgegen der überwiegenden Meinung in der Literatur weder einen gesetzlichen noch rechtsgeschäftlichen Anspruch begründet und damit kein Schuldverhältnis ist.

d. Stellungnahme: Die den Anspruch auf das Auseinandersetzungsguthaben ändernde Wirkung

Der Ausschluss der Anspruchslösung bedeutet, dass die Ausgleichung unmittelbar die erbrechtliche Beteiligung am Nachlass beeinflusst. Dabei ist aber nicht die

257 Protokolle der Kommission für die zweite Lesung des Entwurfs des Bürgerlichen Gesetzbuchs, amtl. Ausgabe, Band V, S. 893.

258 §§ 758, 2042 II BGB beziehen sich nur auf den Anspruch auf Auseinandersetzung, nicht aber auf die Ausgleichung.

Erbquote selbst betroffen, da die Ausgleichung ausdrücklich erst bei der Auseinandersetzung erfolgt (§§ 2050 I, 2055 I 1 BGB).[259] Das bedeutet meines Erachtens, dass die Ausgleichungspflicht sich in einer Inhaltsänderung des Rechts auf Verteilung des Überschusses (§ 2047 I BGB) auswirkt. Es wird also der künftige Anspruch auf das Auseinandersetzungsguthaben inhaltlich dahin geändert, dass statt des tatsächlichen Erbteils der fiktive (Ausgleichungs-)Erbteil gemäß § 2055 I BGB für die Höhe des Anspruchs maßgeblich ist. So wie bei der Anrechnung (§ 2315 BGB)[260] wird diese Inhaltsänderung unmittelbar durch die Annahme der mit der Ausgleichungsanordnung versehenen Zuwendung bewirkt. Das gilt in gleicher Weise für die Annahme einer Zuwendung, die nach § 2050 I, II BGB aufgrund gesetzlicher Anordnung auszugleichen ist.

Daraus folgt, dass *kein neues Recht* begründet wird, welches im Sinne eines Anspruchs geltend gemacht werden könnte. Sieht man also genau hin, gibt es in Wahrheit keine selbständige Ausgleichungspflicht und Ausgleichungsberechtigung, da sie in der Modifikation des Anspruchs auf das Auseinandersetzungsguthaben aufgehen und sich darin erschöpfen. Diese Begriffspaare spiegeln lediglich den Umstand der wertmäßig verminderten oder erhöhten Teilhabe am Nachlass wider.

Ferner erleichtert dieses Verständnis der Ausgleichung das Verständnis des Übergangs der Ausgleichungspflicht oder Ausgleichungsberechtigung auf den Erbteilserwerber. Der Übergang ist allgemein anerkannt[261] und wird vom Gesetz gemäß §§ 2372, 2367 BGB vorausgesetzt. In der dogmatischen Begründung bereitet er aber Schwierigkeiten,[262] wenn auf Anspruch und Schuld abgestellt wird.[263] Nach dem hier zugrunde gelegten Verständnis ist dies hingegen unproblematisch,

---

259 Vgl. ebenso Protokolle der Kommission für die zweite Lesung des Entwurfs des Bürgerlichen Gesetzbuchs, amtl. Ausgabe, Band V, S. 893.

260 Vgl. oben C.I.4.a.bb.aaa.α.

261 Staudinger/*Werner*, BGB, Bearb. 2002, § 2050 Rn. 4; MüKo/*Ann*, BGB, 5. Aufl., § 2050 Rn. 17; Soergel/*Wolf*, BGB, 13. Aufl., § 2050 Rn. 4; RGRK/*Kregel*, BGB, 12. Aufl., § 2050 Rn. 5; Bamberger/Roth/*Lohmann*, BGB, 2. Aufl., § 2033 Rn. 9; *Brox/Walker*, Erbrecht, 23. Aufl., Rn. 536.

262 Vgl. etwa *Brox/Walker*, Erbrecht, 23. Aufl., Rn. 536: „… gesetzliches Schuldverhältnis unter den aktiv und passiv Beteiligten.“ Anschließend aber: „Die Ausgleichungsbeteiligung hängt mit dem Erbteil der Abkömmlinge untrennbar zusammen …“.

263 § 2051 I BGB hilft nicht weiter, da nur der *Wegfall* des Abkömmlings vor oder nach Erbfall erfasst ist, er also nicht Erbe wird. Das ist nur der Fall, wenn er vorverstirbt, der Erbteil entzogen wird (§§ 2333 ff BGB), bei einem Verzicht (§§ 2346 ff BGB) oder bei Ausschlagung nach Erbfall (§§ 1943 ff BGB).

da das Recht aus § 2047 I BGB Bestandteil des Erbteils ist[264] und es, so wie es aufgrund der Ausgleichungspflicht beschaffen ist, mit Übertragung des Erbteils auf den Erbwerber übergeht.

e. Stellungnahme: Die den Pflichtteil inhaltlich ändernde Wirkung

Die Ausgleichung einer Zuwendung erschöpft sich nicht in der Änderung der wirtschaftlichen Beteiligung am Nachlass innerhalb der Erbengemeinschaft. Sie hat gemäß § 2316 BGB auch Einfluss auf die Berechnung des Pflichtteils. Diese Wirkung auf das Pflichtteilsrecht ist nicht lediglich eine mittelbare Folge der Wirkung auf die Erbteile, von denen sich der Umfang der Pflichtteilsansprüche sodann ableiten könnte. Denn einerseits ist nicht die Quote der Erbteile an sich betroffen, sondern nur der Anspruch auf das Auseinandersetzungsguthaben. Andererseits kann es zwischen § 2055 BGB und § 2316 BGB zu einer unterschiedlichen Bewertung darüber kommen, ob und in welcher Höhe eine Zuwendung auszugleichen ist. Beispielsweise kann die Ausgleichung einer Zuwendung im Sinne des § 2050 I, II BGB durch Anordnung des Erblassers mit Wirkung für die *Erbfolge* ausgeschlossen werden, aber nicht mit Wirkung für das Pflichtteilsrecht (vgl. § 2316 III BGB).[265] Es kommt auch der Fall in Betracht, dass eine Zuwendung pflichtteilsrechtlich sowohl anzurechnen (§ 2315 BGB) als auch auszugleichen ist (§ 2316 IV BGB), wodurch ein von § 2316 I BGB abweichender Berechnungsvorgang zu erfolgen hat, der nicht zu einem Pflichtteil in Höhe der Hälfte des fiktiven Ausgleichungserbteils führt.[266]

Deshalb bewirkt die Annahme einer Zuwendung unter Ausgleichungsanordnung zusätzlich zur Wirkung auf den Anspruch auf das Auseinandersetzungsguthaben eine inhaltliche Änderung des künftigen Pflichtteilsanspruchs dahin, dass abweichend von §§ 2303 I 2, 2311 I 1 BGB die Berechnungsmethode im Sinne des § 2316 I 1 BGB maßgeblich ist. Die Annahme der Zuwendung unter Ausgleichungsanordnung stellt für den Pflichtteilsberechtigten als Inhaltsänderung daher eine Verfügung über den künftigen Pflichtteilsanspruch dar. Das gilt in gleicher Weise für die Annahme einer Zuwendung, die von Gesetzes wegen eine Ausgleichungspflicht begründet (§ 2050 I, II BGB).

---

264 Staudinger/*Werner*, BGB, Bearb. 2002, § 2033 Rn. 12.

265 Vgl. oben D.

266 Vgl. Soergel/*Dieckmann*, BGB, 13. Aufl., § 2316 Rn. 20 ff; Staudinger/*Haas*, BGB, Bearb. 2006, § 2316 Rn. 47 ff.

Insbesondere bei der pflichtteilsrechtlichen Wirkung der Ausgleichungspflicht zeigt sich, dass sie nicht als Anspruch und Schuld auf Einhaltung eines Verrechnungsverfahrens verstanden werden kann, da der Pflichtteilsanspruch mit dem Erbfall bereits durch die Ausgleichung erhöht bzw. vermindert entsteht (§ 2317 I BGB).

2. Bedeutung der Rechtsnatur für den lediglich rechtlichen Vorteil

Die Inhaltsänderung des künftigen Anspruchs auf das Auseinandersetzungsguthaben (§ 2047 I BGB) ist für den minderjährigen Pflichtteilsberechtigten kein Rechtsnachteil, da er keinen Anspruch auf Erbeinsetzung hat und der Erblasser aufgrund seiner Testierfreiheit beliebig verfahren kann. Insoweit besteht keine rechtlich geschützte Aussicht.[267] Wie dargestellt ist es dem Erblasser ebenfalls möglich, durch ein entsprechendes Vermächtnis zu Lasten des Zuwendungsempfängers die Ausgleichung einer Zuwendung auch nachträglich durch Verfügung von Todes wegen anzuordnen.[268]

Anders verhält es sich mit der pflichtteilsrechtlichen Wirkung der Ausgleichung gemäß § 2316 BGB. Diese ist der Testierfreiheit des Erblassers entzogen (vgl. § 2316 III BGB). Er kann also nicht bereits getroffene Ausgleichungsanordnungen zum Nachteil eines (anderen) Pflichtteilsberechtigten zurücknehmen oder nachträgliche Anordnungen treffen.[269] Da nach dem hier zugrunde gelegten Verständnis eine Zuwendung unter Ausgleichungsanordnung eine Verfügung über den künftigen Pflichtteilsanspruch ist,[270] ist die Annahme der Zuwendung unter Ausgleichungsanordnung für den minderjährigen Pflichtteilsberechtigten eine Verfügung über ein künftiges Recht und damit ein Rechtsnachteil.[271]

---

267 Vgl. oben B.I.

268 Vgl. oben D.

269 Staudinger/*Haas*, BGB, Bearb. 2006, § 2316 Rn. 11; Bamberger/Roth/*J. Mayer*; BGB, 2. Aufl., § 2316 Rn. 17; MüKo/*K. Lange*, BGB, 5. Aufl., § 2316 Rn. 7; Soergel/*Dieckmann*, BGB, 13. Aufl., § 2316 Rn. 6; vgl. oben D.

270 Vgl. oben D.I.1.e.

271 Im *Ergebnis* als Rechtsnachteil ebenso *H. Lange*, NJW 1955, 1339, 1343; *Kasper*, Anrechnung und Ausgleichung im Pflichtteilsrecht, S. 26, 27; *Muscheler*, Erbrecht I, S. 714.

a. Ausnahme vom Minderjährigenschutz aufgrund ganz unerheblichen Gefährdungspotentials?

Für den Fall der Ausgleichung einer Zuwendung kann aber, im Gegensatz zur Anrechnung,[272] eine Ausnahme vom Minderjährigenschutz geboten sein. Wie dargestellt können bestimmte Rechtsnachteile wegen ihres typischerweise ganz unerheblichen Gefährdungspotentials als von dem Anwendungsbereich des § 107 BGB als nicht erfasst angesehen werden.[273]

Die Intensität der Wirkung des § 2316 BGB auf den Pflichtteilsanspruch ist tatsächlich eine bedeutend geringere als die der Anrechnung gemäß § 2315 BGB.[274] Um den Pflichtteilsanspruch des Minderjährigen durch ausgleichungspflichtige Zuwendungen zu erschöpfen, bedarf es Zuwendungen im Wert des gesetzlichen Erbteils. Im Fall der Ausgleichung wird nämlich erst der Wert des um die Zuwendung erhöhten gesetzlichen Erbteils berechnet, davon die Zuwendung abgezogen und *dann* durch Halbierung der Pflichtteilsanspruch ermittelt (§§ 2316 I 1, 2055 I BGB). Bei der Anrechnung wird hingegen der Wert der Zuwendung direkt von dem erhöhten Pflichtteil abgezogen (§ 2315 I BGB):

Ausgleichungspflichtteil (§ 2316 I 1 BGB):

$$= ((n + z_1 + z_2) : q - z_1) : 2$$ [275, 276]

Anrechnungspflichtteil (§ 2315 BGB):

$$= (n + z) : 2q - z$$ [277, 278]

Bei der Ausgleichung (§ 2316 I 1 BGB) wird also immer nur die Hälfte des Wertes der Zuwendung vom Pflichtteil abgezogen.

---

272 Vgl. oben C.I.4.a.cc.

273 Vgl. oben C.I.4.a.cc.; BGHZ 161, 170, 178 ff.

274 Vgl. auch BGH ZEV 2010, 190, 191.

275 n = Wert des Nachlasses; z_1 = Eigenzuwendung(en); z_2 = sonstige ausgleichungspflichtige Zuwendungen; q = Erbquote.

276 Vgl. Planck/*Greiff*, BGB, 4. Aufl., § 2316 Anm. 2 d); Staudinger/*Haas*, BGB, Bearb. 2006, § 2316 Rn. 30; Bamberger/Roth/*J. Mayer*, BGB, 2. Aufl., § 2316 Rn. 7; MüKo/*K. Lange*, BGB, 5. Aufl., § 2316 Rn. 15.

277 n = Wert des Nachlasses; z = Eigenzuwendung(en); q = Erbquote.

278 Vgl. Planck/*Greiff*, BGB, 4. Aufl., § 2315 Anm. 2 d); Staudinger/*Haas*, BGB, Bearb. 2006 § 2315 Rn. 57; Bamberger/Roth/*J. Mayer*, BGB, 2. Aufl., § 2315 Rn. 10; MüKo/*K. Lange*, BGB, 5. Aufl., § 2315 Rn. 18.

Fallbeispiel: Der unverheiratete Erblasser hat zwei Kinder, S und T. Beim Erbfall beträgt der Wert des Nachlasses 360.000 €. S hat sich eine lebzeitige Zuwendung im Wert von 120.000 € auf den Pflichtteil anrechnen zu lassen (§ 2315 I BGB).

Der Pflichtteilsanspruch des S beträgt gemäß §§ 2303 I 2, 2315 BGB:

$$(360.000 + 120.000) \cdot \tfrac{1}{4} - 120.000 = \mathbf{0}$$

Ist die Zuwendung hingegen auszugleichen (§ 2050 III BGB) ergibt sich für S gemäß §§ 2303 I 2, 2316 I 1 BGB ein Pflichtteilsanspruch von:

$$((360.000 + 120.000) \cdot \tfrac{1}{2} - 120.000) \cdot \tfrac{1}{2} = \mathbf{60.000}$$

Wenn S enterbt wird, erhält er im Fall der Ausgleichung (mit insgesamt 180.000 €) deutlich mehr als seinen fiktiven Pflichtteilanspruch iHv. 120.000 € (gemessen am Nachlass zuzüglich der Zuwendung = ¼ • (360.000 + 120.000)) und auch mehr als im Fall der Anrechnung (insgesamt 120.000 €).

Falls die auszugleichende Zuwendung kurzlebig oder belastet ist und einen Wertverlust erleidet,[279] wirkt sich dies nur mit der Hälfte auf den Pflichtteilsanspruch aus. Erleidet die Zuwendung im Fallbeispiel einen Wertverlust von ein Halb, verbleibt S insgesamt noch der Gegenwert seines Pflichtteilsanspruchs gemessen am lebzeitigen Vermögen des Erblassers:

60.000 € (verminderter Wert der Zuwendung beim Erbfall) +
60.000 € (Ausgleichungspflichtteil) = **120.000 €**

Erst bei einem Wertverlust der Zuwendung von über der Hälfte, also bei einem Restwert von unter 60.000 €, erhält S wirtschaftlich weniger als ihm gemessen an dem lebzeitigen Vermögen des Erblassers pflichtteilsrechtlich zusteht. Geht man überdies davon aus, dass der Wertverlust des zugewandten Gegenstands ebenfalls im Vermögen des Erblassers eingetreten wäre, liegt die Grenze, ab der der Pflichtteilsberechtigte wirtschaftlich beeinträchtigt ist, noch niedriger. Hat der Gegenstand nur noch ein Drittel des Wertes (40.000 €) und ist er im Vermögen des Erblasser verlieben, also nicht dem S zugewandt worden, ergibt sich im Ausgangsfall folgendes:

Lebzeitiges Vermögen: 480.000 € (da keine Zuwendung erfolgte)
Nachlass: 400.000 € (aufgrund Wertverlusts des Gegenstandes)
Pflichtteilsanspruch des S: 400.000 € • ¼ = **100.000 €**

279 Vgl. oben C.I.4.a.cc.bbb.

S hat dann einen Anspruch auf den Pflichtteil in Höhe von 100.000 €. Dieser Vergleichswert wird im Fall der Ausgleichung ebenfalls erreicht, wenn die Zuwendung an S bei dem Erbfall nur noch 40.000 € wert ist, im Zeitpunkt der Zuwendung aber einen Wert von 120.000 € hatte:

60.000 € (Ausgleichungspflichtteil) + 40.000 €
(Restwert der Zuwendung bei Erbfall) = **100.000 €**

Hingegen würde S im Fall der Anrechnung (§ 2315 I BGB) nach dieser Vergleichsrechnung eine Beeinträchtigung seines Pflichtteilsanspruchs in Höhe von 60.000 € erfahren, da der Pflichtteilsanspruch aufgrund der Anrechnung erschöpft ist und der Wert der Zuwendung beim Erbfall nur noch 40.000 € beträgt.

Aufgrund der Berechnungsmethode ist die Risikoverteilung bei der Ausgleichung (§ 2316 BGB) im Vergleich zur Anrechnung (§ 2315 BGB) also zugunsten des Pflichtteilsberechtigten verlagert. Erleidet die Zuwendung keinen oder nur einen leichten Wertverlust, erhält der auf den Pflichtteil verwiesene Zuwendungsempfänger insgesamt deutlich mehr, als wenn ihm nur der Pflichtteilsanspruch im Sinne der §§ 2303 I 2, 2311 I 1 BGB ohne die Zuwendung zukommt.

Falls der Wert der auszugleichenden Zuwendung dem des fiktiven gesetzlichen Erbteils entspricht, verbleibt dem Zuwendungsempfänger bei dem Erbfall jedoch ebenfalls nur der (Rest-)Wert der Zuwendung, da der Pflichtteilsanspruch erschöpft ist. Ein gezielter Einsatz zur Beseitigung des Pflichtteilsanspruchs ist aber unattraktiv, da der Erblasser dazu sehr umfangreiche Zuwendungen vornehmen muss und seine Verteilungsmöglichkeiten gemessen am noch vorhandenen Vermögen einschränkt. Hat die Zuwendung an S im Ausgangsfall einen Wert in Höhe von 240.000 €, verbleibt beim Erbfall nur noch ein Nachlass im Wert von ebenfalls 240.000 €. Dadurch erhöht sich der Pflichtteilsanspruch der T auf:

$$((240.000\,€ + 240.000\,€) \cdot ½ - 0) \cdot ½ = 120.000\,€$$

Der Erblasser kann also nur noch über Vermögen im Wert von 120.000 € frei verfügen, bevor der Pflichtteilsanspruch der T im Wege steht.

Bei der Motivation des Erblassers, den Pflichtteilsanspruch durch auszugleichende Zuwendungen zu vermindern, ist deshalb zu berücksichtigen, dass dadurch seine Testierfreiheit regelmäßig nicht erweitert wird.[280] Übersteigt die Zuwendung den Wert des Halben gesetzlichen Erbteils des Zuwendungsempfängers, schränkt der Erblasser seine Testierfreiheit grundsätzlich sogar ein. Im Gegensatz zur Anrechnung dient die Ausgleichung damit in erster Linie der Gleichbehandlung

---

280 Vgl. zu einer seltenen Ausnahme unten D.II. (Fallbeispiel 2).

der Abkömmlinge[281] und nicht der Beschränkung des Pflichtteilsanspruchs bei der Vorbereitung der Enterbung.[282]

Für den minderjährigen Pflichtteilsberechtigen ist das Risiko also überschaubar. Eine Zuwendung unter Ausgleichungsanordnung hat daher ein nur unerhebliches Gefährdungspotential.

Für die gesetzlichen Tatbestände der Ausgleichung (§ 2050 I, II BGB) bietet sich dieses Ergebnis bereits aus praktischen Gründen an. Sonst müsste der Minderjährige bei einer Ausstattung (§ 2050 I BGB), einem übermäßigen, nicht den Vermögensverhältnissen entsprechenden Einkommenszuschuss oder einer Zuwendung zur Berufsausbildung (§ 2050 II BGB) stets von einem Ergänzungspfleger gegenüber den Eltern vertreten werden. Es würde auch bei ähnlichen Zuwendungen eine Rechtsunsicherheit bestehen, wenn nicht ohne Weiteres zu erkennen ist, ob ein Fall der gesetzlichen Ausgleichung greift. Dies wäre zum Nachteil des Minderjährigen.

b. Zwischenergebnis

Zwar beinhaltet eine Zuwendung mit Ausgleichungsanordnung (§ 2050 III BGB) oder gesetzlicher Ausgleichungspflicht (§ 2050 I, II BGB) einen Rechtsnachteil. Aufgrund des typischerweise unerheblichen Gefährdungspotentials ist dieser Rechtsnachteil aber vom Anwendungsbereich der §§ 107, 181 BGB auszunehmen. Im *Ergebnis* ist daher der herrschenden Meinung[283] zuzustimmen.

3. Bedeutung für die verfassungsrechtlichen Vorgaben

Die Gefahr der Aushöhlung des Pflichtteilsrechts durch ausgleichungspflichtige Zuwendungen ist gering. Damit bestehen keine Bedenken dagegen, dass der Erblasser dem minderjährigen Abkömmling Zuwendungen machen und nachträglich die Ausgleichung gemäß § 2050 IV BGB-RegE bestimmen könnte. § 2050 IV BGB-RegE hätte die verfassungsrechtliche Gewährleistung des Pflichtteilsrechts demnach nicht unverhältnismäßig eingeschränkt und wäre insoweit verfassungsgemäß gewesen.

---

281 *Otte*, ZEV 2008, 260, 262; Staudinger/*Haas*, BGB, Bearb. 2006, § 2315 BGB Rn. 3.
282 Vgl. oben C.I.4.a.cc.aaa.
283 Vgl. oben D.I.

II. Die Rückwirkung der nachträglichen Ausgleichungsanordnung

Durch eine Erstreckung der nachträglichen Anordnung der Ausgleichung auf Zuwendungen aus der Zeit vor der Verkündung des Änderungsgesetzes, wie es der Regierungsentwurf gemäß § 2050 IV BGB-RegE iVm. Art. 229 § 17 V EGBGB-RegE vorsah, kommt es ebenso wie bei der nachträglichen Anrechnung gemäß § 2315 I Reg-E zu einer unechten Rückwirkung (tatbestandlichen Rückanknüpfung).[284] Es stellt sich deshalb die Frage, ob diese Einschränkung des durch die Erbrechtsgarantie gewährleisteten Pflichtteilsrechts und des Vertrauensschutzprinzips (Art. 14 I 1 iVm. Art. 20 III GG) zulässig ist.

Bei der Prüfung des legitimen Zwecks, nämlich der Stärkung der Testierfreiheit des Erblassers, ergeben sich keine bedeutenden Unterschiede zur nachträglichen Anrechnungsbestimmung.[285]

Die Geeignetheit ist aufgrund der Schwächen der Regelung allerdings genauer zu betrachten. Wie gesehen bietet die nachträgliche Anordnung der Ausgleichung keine neuen Gestaltungsmöglichkeiten für die *Erbfolge*, da der Erblasser durch ein Vermächtnis das gleiche Ergebnis erzielen kann.[286]

Hinsichtlich des Pflichtteilsrechts wird die Testierfreiheit des Erblassers andererseits nicht direkt erweitert, da sich die einzelnen Pflichtteilsansprüche der Abkömmlinge entsprechend der auszugleichenden Zuwendung erhöhen und verringern.[287] Die Pflichtteilslast wird dadurch in der Summe nicht gemindert.[288] Außerdem kann der Erblasser aufgrund der Regelung des § 2316 III BGB auch nicht die Ausgleichung mit Wirkung für das Pflichtteilsrecht nachträglich ausschließen,[289] wodurch er den Zuwendungsempfänger unter bestimmten Voraussetzungen etwas bevorzugen könnte. Die nachträgliche Ausgleichungsanordnung bietet dem Erblasser deshalb lediglich dann eine erweiterte Gestaltungsmöglichkeit, wenn er eine Besserstellung des Zuwendungsempfängers gegenüber anderen Abkömmlingen vermeiden will. Erst wenn der Zuwendungsempfänger bei dem

284 Vgl. oben C.IV.1.a.bb.

285 Vgl. oben C.IV.1.b.

286 Vgl. oben D.

287 Vgl. oben D.I.2.a.

288 Vgl. *J. Mayer*, ZErb 2007, 130, 136; Soergel/*Dieckmann*, BGB, 13. Aufl., § 2316 Rn. 3; Staudinger/*Haas*, BGB, Bearb. 2006, § 2316 Rn. 1; Bamberger/Roth/*J. Mayer*, BGB, 2. Aufl., § 2316 Rn. 2; MüKo/*K. Lange*, BGB, 5. Aufl., § 2316 Rn. 1.

289 Vgl. oben D.

Erbfall weniger als den Pflichtteil im Sinne der §§ 2303 I 2, 2311 I 1 BGB erhalten soll, um bei Beachtung der lebzeitigen Zuwendungen eine gleichmäßige Verteilung des Vermögens unter den Abkömmlingen zu erreichen, kommt der nachträglichen Ausgleichungsanordnung eine eigenständige Bedeutung zu. Sonst kann mit einer entsprechenden Erbeinsetzung oder der Vermächtnislösung gearbeitet werden.

Fallbeispiel 1: Der unverheiratete Erblasser hat ein lebzeitiges Vermögen im Wert von 480.000 €. Sohn S erhält davon 200.000 € durch Zuwendung unter Lebenden ohne Anrechnungsanordnung oder Ausgleichungspflicht. Tochter T erhält zu Lebzeiten des Erblassers nichts. Die T ist als Alleinerbin eingesetzt. Sohn S soll nur ein Vermächtnis über 40.000 € zukommen, damit beide Kinder gleich viel erhalten. Ohne nachträgliche Anordnung der Ausgleichung beträgt der Pflichtteilsanspruch des S bei einem verbliebenen Nachlass im Wert von 280.000 € nach §§ 2303 I 2, 2311 I 1, 1924 I, IV BGB:

$$\tfrac{1}{4} \cdot 280.000\ € = \mathbf{70.000\ €}$$

Er kann also den über das Vermächtnis hinausgehenden Teil in Höhe von 30.000 € als Ergänzungspflichtteil gemäß § 2307 I 2 BGB verlangen.

Im Fall der Ausgleichung ergibt sich ein Pflichtteilsanspruch gemäß § 2316 I BGB von:

$$((280.000\ € + 200.000\ €) \cdot \tfrac{1}{2} - 200.000\ €) \cdot \tfrac{1}{2} = \mathbf{20.000\ €}$$[290]

Ohne Ausgleichungsanordnung würde S Vermögen im Wert von insgesamt 270.000 € erhalten, während der T nur 210.000 € verblieben. Der Erblasser hätte die von ihm gewünschte Gleichbehandlung also nicht erreicht. Im Fall der Ausgleichung würde beiden jeweils Vermögen im Wert von 240.000 € zukommen.

Die Ausgleichung kann entgegen ihrem Sinn und Zweck als Mittel zur Gleichbehandlung der Abkömmlinge außerdem dazu eingesetzt werden, einem Nichtabkömmling in begrenztem Umfang mehr zukommen zu lassen. Dem Interesse des Erblassers würde zwar die *Anrechnung* auf den Pflichtteil besser gerecht und sie wäre effektiver.[291] Gleichwohl besteht die Möglichkeit, die Ausgleichung unter bestimmten Voraussetzungen so zu nutzen:

Fallbeispiel 2: Der Erblasser möchte seine mit ihm im gesetzlichen Güterstand verheiratete Ehefrau F als Alleinerbin möglichst umfangreich bedenken. Sein Sohn S, dem er unter Lebenden 100.000 € schenkte, soll deshalb nicht mehr als

---

290 ((Nachlass + Zuwendung) : Erbquote – Zuwendung) • ½.

291 Vgl. oben C.I.4.a.cc.aaa. und D.I.2.a.

nötig erhalten. Seiner Tochter T will der Erblasser aber in jedem Fall ein Baugrundstück im Wert von 100.000 € durch Vermächtnis zuwenden. Die Tochter T erhielt zu Lebzeiten des Erblassers keine Zuwendungen. Als Nachlass verbleibt ein Vermögen im Wert von 380.000 €.

Ohne Ausgleichung beträgt der Pflichtteilsanspruch des S:

$$380.000\text{ €} \cdot \tfrac{1}{8} = \mathbf{47.500\text{ €}}$$

Unter Abzug des Pflichtteilsanspruchs des S und des Vermächtnisses an T erbt F daher Vermögen im Wert von:

$$380.000\text{ €} - 47.500\text{ €} - 100.000\text{ €} = \mathbf{232.500\text{ €}}.$$

Mit Ausgleichungspflicht beträgt der Pflichtteilsanspruch des S:

$$((\text{Nachlass} - \text{Witwenerbteil} + \text{Zuwendung}) : \text{Abkömmlingsquote} - \text{Zuwendung}) \cdot \tfrac{1}{2} =$$

$$((380.000 - 190.000 + 100.000) \cdot \tfrac{1}{2} - 100.000) \cdot \tfrac{1}{2} = \mathbf{22.500\text{ €}}$$

Der vom Wert des Vermächtnisses überschrittene Ausgleichungspflichtteil der T beträgt:

$$((380.000 - 190.000 + 100.000) \cdot \tfrac{1}{4} = \mathbf{72.500\text{ €}}$$

Abzüglich des Ausgleichungspflichtteils des S und des Vermächtnisses an T erbt F sodann ein Vermögen im Wert von 257.500 € anstatt von 232.500 €. Durch die Ausgleichungspflicht kann der Erblasser der F daher 25.000 € mehr zuwenden, bevor der Pflichtteilsanspruch des S im Wege steht.

Mit der nachträglichen Ausgleichungsanordnung kann der Erblasser also in Ausnahmefällen Ergebnisse erzielen, die seine Testierfreiheit in eine vorgegebene Richtung erweitern.

Die nachträgliche Ausgleichungsanordnung bleibt zwar hinter den Möglichkeiten zurück, die ihr in der Begründung des Regierungsentwurfs beigemessen werden.[292] Dennoch fördert sie die Testierfreiheit des Erblassers, wenn der Pflichtteilsanspruch des Zuwendungsempfängers einer gleichmäßigen Verteilung des Vermögens unter den Abkömmlingen entgegenstehen würde oder die Verringerung des Pflichtteilsanspruchs des Zuwendungsempfängers zugunsten eines Nichtabkömmlings genutzt werden soll. Die Testierfreiheit wird insbesondere auch dadurch erweitert, dass der Erblasser die Ausgleichung mit Wirkung für das

292 Vgl. dazu oben D.

Pflichtteilsrecht *nach* der Zuwendung überhaupt anordnen kann. Dies ist ausreichend für eine Förderung des Gesetzeszwecks, sodass die Neuregelung geeignet ist. Das gilt ebenfalls für die mittels unechter Rückwirkung erfassten Altzuwendungen, da die Testierfreiheit des Erblassers dadurch noch ein Stück weiter gefördert wird.

Gegen die Erforderlichkeit der Regelung bestehen keine Bedenken, da kein milderes gleich geeignetes Mittel ersichtlich ist.[293]

Entscheidend ist also, ob das Änderungsinteresse der Allgemeinheit das Vertrauensinteresse der Betroffenen überwiegt.[294] Wie gesehen wird die Testierfreiheit lediglich in geringem Maße erweitert, da einerseits nur die Pflichtteilslast verlagert wird und andererseits hinsichtlich der Erbfolge keine nachträgliche Anordnung der Ausgleichung erforderlich ist.[295] Das Gewicht des Änderungsinteresses ist deshalb gering zu bewerten.

Für das Vertrauensinteresse spricht wiederum, dass *de lege lata* eine vorbehaltlos gewährte Zuwendung nicht den Pflichtteilsanspruch mindern kann.[296] Dem Pflichtteilsberechtigten wird auch hier die Möglichkeit genommen, die drohende Ausgleichungspflicht bei Erhalt der Zuwendung abzuwägen. Zwar ist die Beeinträchtigung des Pflichtteilsanspruchs durch die Ausgleichung einer Zuwendung deutlich geringer als durch deren Anrechnung.[297] Es greifen aber auch hier die Bedenken bei einer Schenkung unter Auflage.[298] Außerdem ist die nachträgliche Anordnung der Ausgleichung einer Altzuwendung ebenfalls mit der beschränkten Pflichtteilsentziehung (§§ 2333 ff BGB) zu vergleichen, da die vorbehaltlose Zuwendung *de lege lata* nicht zu einer Minderung des Pflichtteilsanspruchs hätte führen können.[299] Dies stellt also eine stärkere Einschränkung des Vertrauens dar, als wenn eine nachträgliche Ausgleichungsanordnung für eine Zuwendung aus der Zeit *nach* der Verkündung der Neuregelung erfolgen würde.[300]

Das entscheidende Argument bei der Interessenabwägung ist wie bei der Anrechnung einer Altzuwendung, dass die Testierfreiheit *de lege lata* nicht

---

293 Vgl. die Ausführungen zur Erforderlichkeit der Anrechnung auf den Pflichtteil, deren Wirkung noch intensiver ist. Oben C.I.3. und C.IV.1.b.

294 Vgl. oben C.IV.1.b.

295 Vgl. oben D.

296 Wenn sie nicht bereits gesetzlich auszugleichen ist (§ 2050 I, II BGB). Vgl. oben D.

297 Vgl. oben D.I.2.a.

298 Vgl. oben C.IV.1.b.bb.

299 Vgl. oben C.IV.1.b.bb.

300 Vgl. oben C.IV.1.b.bb.

unverhältnismäßig durch das Pflichtteilsrecht eingeschränkt ist.[301] Wie dargestellt liegt in einer nicht durch den Sinn und Zweck des Pflichtteilsrechts gebotenen Bevorzugung des Zuwendungsempfängers auch keine Beeinträchtigung der Rechte von anderen Pflichtteilsberechtigten, Erben oder Vermächtnisnehmern.[302] Deshalb besteht auch hier das Änderungsinteresse ausschließlich an der Erweiterung der privaten Rechte des Erblassers.[303] Die Testierfreiheit wird dabei in gleichem Maße erweitert wie das Pflichtteilsrecht eingeschränkt wird. Es wird daher ebenfalls lediglich der Ausgleich privater Interessen bewirkt.[304] Obwohl die Anordnung der Ausgleichung das Pflichtteilsrecht also nicht sehr stark einschränkt, ist ein über dieses *allgemeine* Änderungsinteresse hinausgehendes, *speziell die Rückwirkung erforderndes* Interesse nicht gegeben. Allein eine „Verbesserung“ der Rechtslage reicht dazu nicht aus.[305] Es besteht deshalb kein das Vertrauensinteresse der Betroffenen überwiegendes Änderungsinteresse der Allgemeinheit. Die unechte Rückwirkung ist damit unverhältnismäßig und unzulässig.

III. Ergebnis

Die gesetzliche Gestattung der nachträglichen Anordnung der Ausgleichung als solche ist verfassungsrechtlich zulässig.[306]

Die Erstreckung der nachträglichen Ausgleichungsanordnung auf Zuwendungen aus der Zeit *vor* der Verkündung des Änderungsgesetzes, so wie es der

301 Vgl. BVerfGE 112, 332, 354 f; Staudinger/*Otte*, BGB, Bearb. 2008, Einl. zu §§ 1922 ff Rn. 83; Dreier/*Wieland*, GG, 2. Aufl., Art. 14 Rn. 67; Münch/Kunig/*Bryde*, GG, 5. Aufl., Art. 14 Rn. 48; *Gaier*, in: Reformfragen des Pflichtteilsrechts, S. 161, 163 ff; **aA.** *Petri*, ZRP 1993, 205, 206.

302 Vgl. oben B. und C.IV.1.b.dd.

303 Auch wenn die Ausgleichung in der Regel den Abkömmlingen zugute kommt, ist die Anordnung der Ausgleichung (also nicht im Fall des § 2050 I, II BGB) ausschließlich vom Willen des Erblassers abhängig und damit Ausdruck der Testierfreiheit. Das zeigt sich insbesondere daran, dass der Erblasser die Ausgleichung auch dazu gebrauchen kann, um einen Nichtabkömmling zu begünstigen. Vgl. oben D.II.

304 Vgl. oben C.IV.1.b.dd.

305 Nach der Rechtsprechung des Bundesverfassungsgerichts stellt allein das Ziel, die Rechtslage zu „verbessern“, zutreffend nur das *allgemeine* Änderungsinteresse dar. Dadurch wird kein besonderes, den rückwirkenden Eingriff rechtfertigendes Interesse begründet. Vgl. BVerfG, 2 BvL 14/02 vom 7.7.2010, Rn. 74 (juris).

306 Vgl. oben D.I.3.

Entwurf der Bundesregierung eines Gesetzes zur Änderung des Erb- und Verjährungsrechts vom 30.01.2008 gemäß §§ 2050 IV BGB-RegE iVm. Art. 22 § 17 V EGBGB-RegE vorsah, stellt allerdings eine unzulässige unechte Rückwirkung dar. Dadurch wird das von der Erbrechtsgarantie gewährleistete Pflichtteilsrecht in Verbindung mit dem Vertrauensschutzprinzip (Art. 14 I 1 GG iVm. Art. 20 III GG) unverhältnismäßig eingeschränkt. Ein Änderungsgesetz, das die nachträgliche Ausgleichungsanordnung für Zuwendungen aus der Zeit vor der Verkündung (bzw. dem Beschluss)[307] des Gesetzes vorsieht, ist daher verfassungswidrig.[308]

Um *de lege ferenda* eine Verfassungswidrigkeit zu vermeiden, ist eine Übergangsregelung zu wählen, die die nachträgliche Ausgleichungsanordnung für Zuwendungen aus der Zeit vor der Verkündung (bzw. dem Beschluss) des Änderungsgesetzes *hinsichtlich des Pflichtteilsrechts* (§ 2316 BGB) verbietet. Eine Gesetzesänderung muss außerdem bei den pflichtteilsrechtlichen Wirkungen der Ausgleichung (§ 2316 BGB) ansetzten, da die nachträgliche Anordnung oder Aufhebung der Ausgleichung mit Wirkung für die *Erbfolge* nach gegenwärtiger Rechtslage ohnehin bereits möglich ist.[309] Ohne eine Änderung des § 2316 III BGB ist eine nachträgliche Aufhebung der Ausgleichungspflicht mit Wirkung für das Pflichtteilsrecht nicht möglich.[310]

307 Vgl. zu dieser Ausnahme unten G.I.2.
308 Vgl. oben D.II.
309 Vgl. oben D.
310 Vgl. oben D.

E. Die rückwirkende Abschmelzung der Pflichtteilsergänzung, § 2325 III 1 BGB

Das am 24. September 2009 vom Bundestag beschlossene und 29. September 2009 verkündete Gesetz zur Änderung des Erb- und Verjährungsrechts behielt die Regelungen des Regierungsentwurfs zur nachträglichen Anordnung von Anrechnung und Ausgleichung nicht bei. Die sogenannte Abschmelzungsregelung bzw. Pro-Rata-Regelung der Pflichtteilsergänzung gemäß § 2325 III 1 BGB wurde aber wie geplant verabschiedet und trat zum 01.01.2010 in Kraft. Danach wird eine Schenkung im Rahmen der Pflichtteilsergänzung innerhalb des ersten Jahres vor dem Erbfall in vollem Umfang, innerhalb jedes weiteren Jahres vor dem Erbfall um jeweils ein Zehntel weniger berücksichtigt. Im Gegensatz dazu sah die Altregelung gemäß § 2325 III BGB aF. vor, dass eine Schenkung innerhalb der ersten zehn Jahre vor dem Erbfall voll berücksichtigt wird, im Übrigen aber nicht.

Für sich betrachtet bestehen gegen die neue Abschmelzungsregelung keine verfassungsrechtlichen Bedenken. Der Gesetzgeber hat bei der einfachrechtlichen Ausgestaltung des Ausgleichs zwischen der Testierfreiheit und dem Pflichtteilsrecht einen weiten Gestaltungsspielraum.[311] Eine Überschreitung dieses Spielraums durch unverhältnismäßige Einschränkung des Pflichtteilsrechts liegt noch nicht vor. Auch im Rahmen der Neuregelung ist die gezielte Aushöhlung des Pflichtteilsrechts durch Schenkungen unter Lebenden unattraktiv, da der Erblasser den übertragenen Gegenstand verliert und der ordentliche Pflichtteilsanspruch materiellrechtlich in gleichem Umfang bestehen bleibt. Außerdem entsteht auch weiterhin ein Pflichtteilsergänzungsanspruch, wenn die Schenkung innerhalb von zehn Jahren vor dem Erbfall erfolgte. Das gilt umso mehr, wenn man der Rechtsprechung des Bundesgerichthofs folgt. Danach wird nicht auf den Leistungserfolg der Übertragung abgestellt, damit die Ausschlussfrist (§ 2325 III 2 BGB) – und damit auch die Abschmelzungsfrist – zu laufen beginnt. Es muss vielmehr der verschenkte Gegenstand *wirtschaftlich* aus dem Vermögen des Erblassers ausgegliedert werden.[312]

Nach dem Stichtagsprinzip der Übergangsregelung gemäß Art. 229 § 23 IV EGBGB ist für die Anwendung der Abschmelzungsregelung auch hier der Zeitpunkt des Erbfalls maßgeblich. Sie erstreckt sich also auf Schenkungen aus der

311 Vgl. oben C.I.

312 Vgl. BGHZ 98, 226, 233; 125, 395, 398 f.

Zeit vor der Verkündung der Neuregelung, wenn der Erbfall ab dem 01. Januar 2010 eintritt. Es ist beispielsweise eine Schenkung erfasst, die Anfang des Jahres 2001 vorgenommen wurde, wenn sich der Erbfall in der Mitte des Jahres 2010 ereignete. In einem solchen Fall kann der übergangene einzige Abkömmling des unverheirateten Erblassers bei einer Schenkung im Wert 100.000 € nur eine Pflichtteilsergänzung in Höhe von 5.000 € (§ 2325 III 1 BGB) vom Erben oder gegebenenfalls vom Beschenkten (§ 2329 BGB) verlangen. Nach der im Zeitpunkt der Schenkung geltenden alten Rechtslage hätte der Abkömmling eine Pflichtteilsergänzung in Höhe von 50.000 € (§ 2325 III BGB aF.) geltend machen können. Dies könnte eine verfassungsrechtlich relevante Rückwirkung darstellen.

I. Die unechte Rückwirkung der Übergangsregelung

Eine echte Rückwirkung wird durch die Übergangsregelung wie im Fall der Anrechnung und der Ausgleichung nicht bewirkt. Der betroffene Pflichtteilsergänzungsanspruch war im Zeitpunkt der Verkündung der Neuregelung am 29.09.2009[313] noch nicht entstanden. Es lag demnach noch keine endgültige Rechtsposition vor. Deshalb wurde durch die Neuregelung nicht in einen abgeschlossenen Tatbestand eingriffen. Auch erstrecken sich die Rechtsfolgen nicht auf einen Zeitpunkt vor der Verkündung des Änderungsgesetzes.

§ 2325 III 1 BGB iVm. Art. 229 § 23 IV EGBGB knüpft die Verringerung des bei dem Erbfall entstehenden Pflichtteilsergänzungsanspruchs allerdings an eine ergänzungserhebliche Schenkung, die vor der Verkündung der Neuregelung vorgenommen wurde. Dadurch werden bereits vor der Verkündung der Norm tatbestandlich ins Werk gesetzte Sachverhalte erfasst, die eine nach der Verkündung eintretende Rechtsfolge auslösen. Dies stellt eine unechte Rückwirkung dar.

II. Verfassungsmäßigkeit der unechten Rückwirkung

Neben der Erweiterung der Testierfreiheit des Erblassers durch die Verringerung der Pflichtteilsergänzung sollen mit der Gesetzesänderung unbillige „Alles-oder-Nichts-Fälle“ der alten Rechtslage abgemildert werden.[314] Wie gesehen entstand

---

313 Veröffentlicht in BGBl. 2009, ausgegeben am 29.9.2009, Teil I Nr. 63.

314 Begründung B. Art. 1 Nr. 25 Entwurf eines Gesetzes zur Änderung des Erb- und Verjährungsrechts der Bundesregierung vom 30.1.2008.

der Pflichtteilsergänzungsanspruch gemäß § 2325 III BGB aF. innerhalb der Zehnjahresfrist voll, nach Ablauf der Frist gar nicht.

Ob es dadurch tatsächlich zu unsachgemäßen Ergebnissen kam, kann kontrovers beurteilt werden. Beispielsweise führt die Verjährung von Ansprüchen (§§ 194 ff BGB) auch zu Alles-oder-Nichts-Fällen. Dennoch wurde die Regelverjährung durch die gleiche Gesetzesreform auf das Erbrecht erstreckt.[315]

Zusätzlich soll gemeinnützigen Stiftungen und Vereinen als Schenkungsempfängern mehr Planungssicherheit gegenüber möglichen Pflichtteilsergänzungsansprüchen verschafft werden.[316] Dass die Planungssicherheit von Stiftungen und Vereinen mehr Gewicht hat als die Nachlassbeteiligung des Pflichtteilsberechtigten, erscheint ebenfalls fraglich. Außerdem ist es nicht ausgeschlossen, dass wegen des baldigen Eintritts des Erbfalls dennoch der volle Pflichtteilsergänzungsanspruch entsteht. Darüber hinaus kann der Beschenkte gemäß § 2329 BGB nur in Anspruch genommen werden, wenn und *soweit* der Erbe nicht zur Ergänzung verpflichtet ist. Aufgrund der Pflichtteilsquote haftet der Beschenkte dann höchstens mit der Hälfte des Wertes der Schenkung. Die Pflichtteilsquote (mit Ausnahme der des Ehegatten) nimmt bei zwei oder mehr Pflichtteilsberechtigten zudem ab. Solange nicht alle Pflichtteilsberechtigten enterbt sind, ist dann also höchstens ein Viertel oder ein Achtel des Wertes der Schenkung herauszugeben.

Bei der Bestimmung des Gesetzeszwecks ist Gesetzgeber im Rahmen des verfassungsrechtlich Zulässigen allerdings frei.[317] Ausreichend ist bereits, dass die Testierfreiheit durch die Neuregelung gestärkt wird. Die sukzessive Verringerung des ergänzungserheblichen Wertes der Schenkungen trägt dazu bei, dass Verfügungen von Todes wegen in einem größeren Umfang Aussicht auf Erfolg haben. Die Verfügungen werden von Pflichtteilsergänzungsansprüchen also weniger mittelbar beeinträchtigt. Dies gilt ebenfalls für die Erstreckung der Regelung auf Schenkungen aus der Zeit vor der Verkündung des Änderungsgesetzes. Die Neuregelung fördert deshalb die Testierfreiheit und ist daher für den Gesetzeszweck geeignet.

---

315 Bis zum 01.01.2010 galt eine Verjährungsfrist von 30 Jahren für die sogenannten „erbrechtlichen Ansprüche" gemäß § 197 I Nr. 2 BGB-aF. Diese Ausnahme wurde gestrichen, sodass nun die regelmäßige Verjährungsfrist von drei Jahren greift (§§ 195, 199 I BGB).

316 Begründung B. Art. 1 Nr. 25 Entwurf eines Gesetzes zur Änderung des Erb- und Verjährungsrechts der Bundesregierung vom 30.1.2008.

317 Maunz/Dürig/*Grzeszick*, GG, Bearb. Nov. 2006, Art. 20 VII Rn. 111; Dreier/*Schulze-Fielitz*, GG, 2. Aufl., Art. 20, Rechtsstaat, Rn. 181; Sachs/*Sachs*, GG, 6. Aufl., Art. 20 Rn. 149.

Ferner ist die Stärkung der Testierfreiheit durch eine sukzessive Einschränkung der Pflichtteilsergänzung das mildeste gleich wirksame Mittel. Die Pflichtteilsergänzung wird dadurch nicht vollständig entwertet. Schenkungen aus den letzten Jahren vor dem Erbfall bleiben wirtschaftlich äußerst relevant. Gerade besondere Formen der Schenkung, etwa unter Vorbehaltsnießbrauch, setzen die Abschmelzungsfrist zudem nicht zwingend in Gang.[318] Eine reine Verkürzung der Zehnjahresfrist würde das Pflichtteilsrecht deshalb stärker einschränken. Die Neuregelung genügt daher als mildestes gleich wirksames Mittel dem Grundsatz der Erforderlichkeit.

Letztlich muss die Verhältnismäßigkeit im engeren Sinne unter Abwägung des Interesses der Allgemeinheit an der Rückwirkung mit dem Vertrauensschutz der Betroffenen gewahrt sein. Das Interesse an der unechten Rückwirkung wurde in der Begründung des Gesetzes nicht besonders dargelegt. Es wurde lediglich auf diese Folge hingewiesen.[319] Eine für die unechte Rückwirkung sprechende besondere Dringlichkeit ist auch nicht ersichtlich.

Das Vertrauen der betroffenen Pflichtteilsberechtigten auf den Pflichtteilsergänzungsanspruch ist allerdings nicht mit dem Vertrauen auf den ordentlichen Pflichtteilsanspruch zu vergleichen. Bei dem ordentlichen Pflichtteilsanspruch ist es bereits vor dem Erbfall sicher, dass er gegen den Willen des Pflichtteilsberechtigten nicht beeinträchtigt werden kann.[320] Im Fall der Pflichtteilsergänzung ist hingegen nicht abzusehen, ob der Erbfall innerhalb der zehnjährigen Ausschlussfrist gemäß § 2325 III BGB aF. eintreten wird. Es ist deshalb rechtlich nicht sicher, ob der Pflichtteilsergänzungsanspruch künftig zur Entstehung gelangt.[321] Selbst wenn der Erblasser im Zeitpunkt der Schenkung unheilbar erkrankt ist, ändert dies nicht die normativ zu bewertende Unsicherheit, ob der Erbfall innerhalb der Ausschlussfrist eintritt. Im Gegensatz zum Vertrauen auf den ordentlichen Pflichtteilsanspruch, bei dem es ausreicht, dass der Erbfall *überhaupt* eintritt, wird ein Vertrauen auf den Ergänzungspflichtteil daher durch das materielle Recht nicht begründet. Mangels schutzwürdigen Vertrauens der Betroffenen ist die unechte Rückwirkung also zulässig.

---

318 Vgl. BGHZ 98, 226, 233; 125, 395, 398 f.

319 Begründung B. Art. 2 Zu Absatz 5 Entwurf eines Gesetzes zur Änderung des Erb- und Verjährungsrechts der Bundesregierung vom 30.1.2008.

320 Vgl. oben B.II.1.

321 Das Recht kann in Form eines Anspruchs oder eines Leistungsverweigerungsrechts (§ 2328 BGB) bestehen.

III. Ergebnis

Die Abschmelzungsregelung der Pflichtteilsergänzung (§ 2325 III 1 BGB) führt durch die Übergangsregelung der Gesetzesänderung (Art. 229 § 23 IV EGBGB) zu einer unechten Rückwirkung. Diese Einschränkung des durch die Erbrechtsgarantie gewährleisteten Pflichtteilsrechts (Art. 14 I 1 GG) und des Vertrauensschutzprinzips (Art. 20 III GG) mittels unechter Rückwirkung ist mangels schutzwürdigen Vertrauens der Betroffenen zulässig.

F. Die rückwirkende Erstreckung des Zuwendungsverzichts auf Abkömmlinge des Verzichtenden, §§ 2349, 2352 BGB

Mit der Erbrechtsreform wurde außerdem die Wirkung des Zuwendungsverzichts (§ 2352 BGB) erweitert. Gemäß Art. 1 Nr. 25 Gesetz zur Änderung des Erb- und Verjährungsrechts vom 24. September 2009 bezieht sich die Verweisung des § 2352 S. 3 BGB, der bisher schon die Anwendung bestimmter Normen des Erb- und Pflichtteilsverzichts anordnete (§§ 2347, 2348 BGB), nun auch auf § 2349 BGB. Dadurch erstreckt sich der Zuwendungsverzicht auf die Abkömmlinge des Verzichtenden, wenn der Verzichtende ein Abkömmling oder Seitenverwandter des Erblassers ist und nichts anderes im Verzichtsvertrag bestimmt ist. Anlass dafür war die seit langem bekannte Problematik, dass der Zuwendungsverzicht nicht den an die Stelle des Verzichtenden tretenden Ersatzerben erfasste und dadurch unter Umständen zu unbefriedigenden Ergebnissen führen konnte.[322]

Zwischen Ehegatten werden nicht selten gemeinschaftliche Testamente (§§ 2265 ff BGB) oder Erbverträge (§§ 2274 ff BGB) mit dem Inhalt geschlossen, dass sie sich gegenseitig als Vollerben einsetzen und ein oder mehrere Schlusserben bestimmen. Auch nichteheliche Lebensgefährten können ihre Vermögensnachfolge durch zweiseitigen Erbvertrag in dieser Weise regeln. Ab Versterben des kürzer lebenden Ehegatten oder nichtehelichen Lebensgefährten ist die Aufhebung des Erbvertrages dann nicht mehr möglich (§ 2290 I 2 BGB), und auch das gemeinschaftliche Testament zwischen den Ehegatten ist ab diesem Zeitpunkt bindend (§ 2271 II BGB). Der überlebende Ehegatte oder nichteheliche Lebensgefährte ist dann an die Erbeinsetzung des Schlusserben gebunden.

Will der überlebende Ehegatte oder nichteheliche Lebensgefährte[323] dennoch anders testieren, bleibt als Ausweg in der Regel nur ein Zuwendungsverzichtsvertrag (§ 2352 BGB) mit dem Schlusserben. Ein solcher Zuwendungsverzicht kann für den überlebenden Ehegatten allerdings zu einer Enttäuschung werden,

---

322 Vgl. Begründung B. Art. 1 Nr. 31 (§ 2352 BGB) Entwurf eines Gesetzes zur Änderung des Erb- und Verjährungsrechts der Bundesregierung vom 30.1.2008.

323 Aus sprachlichen Gründen wird im Folgenden auf „Ehegatten" abgestellt. Die Ausführungen gelten aber ebenfalls für zweiseitige Erbverträge zwischen nichtehelichen Lebensgefährten.

wenn in dem Erbvertrag oder gemeinschaftlichen Testament ein Ersatzschlusserbe ausdrücklich oder aufgrund ergänzender Testamentsauslegung (§ 2069 BGB) vertragsmäßig (§ 2278 BGB) bzw. wechselbezüglich (§ 2270 II BGB) bestimmt ist. Denn dann erlangt der überlebende Ehegatte (Erblasser) seine Testierfreiheit gerade nicht zurück, da der Verzichtsvertrag nur die Zuwendung an den Verzichtenden betrifft, nicht aber die Ersatzschlusserbeinsetzung, sodass der Verzichtsvertrag die Ersatzschlussberufung mitunter erst herbeiführt.[324]

Für den Erb- und Pflichtteilsverzicht (§ 2346 BGB) wurde dieses als unbefriedigend empfundene Ergebnis schon bisher durch § 2349 BGB verhindert. Danach erstreckt sich die Wirkung des Erb- oder Pflichtteilsverzichts auch auf die Abkömmlinge des Verzichtenden, wenn dieser selbst ein Abkömmling oder Seitenverwandter des Erblassers ist. Nach ganz überwiegender Auffassung zur Rechtslage vor der Gesetzesänderung war § 2349 BGB aber nicht (analog) auf den Zuwendungsverzicht anzuwenden, und die Wirkung konnte auch nicht rechtsgeschäftlich vereinbart werden.[325] Dies wurde unter anderem damit begründet, dass § 2352 S. 3 BGB aF. ohne Redaktionsversehen eben nicht auf § 2349 BGB verwiesen habe, wohl aber auf §§ 2347, 2348 BGB,[326] und dass eine derartige Abrede ein Verzichtsvertrag zu Lasten Dritter sei.[327] Im Ergebnis ist es zutreffend, dass § 2349 BGB nicht auf den Zuwendungsverzicht anzuwenden war, da ein redaktionelles Versehen tatsächlich fern liegt, wenn unmittelbar benachbarte Normen zitiert werden. Außerdem spricht für einen bewussten Verzicht auf die Verweisung, dass der auf die gesetzliche Erbfolge zugeschnittene Anwendungsbereich des § 2349 BGB zu eng für den Zuwendungsverzicht ist, der bei gewillkürter Erbeinsetzung einschlägig ist.[328] Die Begründung der letzteren Auffassung, die

---

324 Vgl. *Kanzleiter*, DNotZ 2009, 805, 807.

325 BayObLG, ZEV 1997, 377, 381; Staudinger/*Otte*, BGB, Bearb. 2003, § 2069 Rn. 15; MüKo/*Wegerhoff*, BGB, 5. Aufl., § 2352 Rn. 14; Soergel/*Damrau*, BGB, 13. Aufl., § 2352 Rn. 2; Bamberger/Roth/*J. Mayer*, BGB, 2. Aufl., § 2352 Rn. 19, 20; **aA**. Staudinger/*Schotten*, BGB, Bearb. 2004, § 2352 Rn. 42 ff.

326 Bamberger/Roth/*J. Mayer*, BGB, 2. Aufl., § 2352 Rn. 19.

327 *Klinck*, ZEV 2009, 533, 534.

328 Da § 2349 BGB auf den Erb- und Pflichtteilsverzicht zugeschnitten ist, sind Abkömmlinge des Verzichtenden nur dann von der Norm erfasst, wenn der Verzichtende ein Abkömmling oder Seitenverwandter des Erblassers ist. § 2349 BGB soll nämlich der Doppelbegünstigung des Stammes des Verzichtenden durch die Abfindung und das Einrücken im Rahmen der *gesetzlichen* Erbfolge vorbeugen (Staudinger/*Schotten*, BGB, Bearb. 2004, § 2349 Rn. 2). Dies ist für den Erb- und Pflichtteilsverzicht ausreichend, genügt aber nicht in allen Fällen der gewillkürten Erbfolge (Vgl. Staudinger/*Schotten*, BGB, Bearb. 2010, § 2352 Rn. 34). Damit sind

die Unzulässigkeit des Vertrags zu Lasten Dritter heranzieht, ist allerdings unzutreffend. Denn der durch Erbvertrag oder gemeinschaftliches Testament bindend Bedachte hat vor dem Erbfall keinerlei subjektive Rechte, durch deren Verlust er beeinträchtigt sein könnte.[329]

Nach herrschender Meinung zur alten Rechtslage wurde die Korrektur eines missglückten Zuwendungsverzichts in einigen Fällen durch individuelle Auslegung der Verfügung von Todes wegen des überlebenden Ehegatten erreicht: Bei vollständiger Abfindung des Verzichtenden sei keine Ersatzberufung von dessen Abkömmlingen im Sinne des § 2069 BGB gewollt.[330] In der Rechtsprechung wurde über die individuelle Auslegung hinausgehend von einer tatsächlichen Vermutung für dieses Ergebnis gesprochen.[331] Wann eine vollständige Abfindung vorliegt, hängt aber von der Bewertung des Einzelfalls ab.[332] Außerdem wurden selbst bei vollständiger Abfindung Ausnahmen von dieser Auslegungsregel gemacht.[333]

Zuwendungsverzichte auch weiterhin ungeeignet, die Testierfreiheit des Erblassers bei einer Ersatzerbeinsetzung wieder herzustellen, wenn andere als die in § 2349 BGB genannten Personen beteiligt sind.

329 Siehe zu den Gründen unten F.I.

330 Staudinger/*Otte*, BGB, Bearb. 2003, § 2069 Rn. 15; Bamberger/Roth/*J. Mayer*, BGB, 2. Aufl., § 2352 Rn 21 ff; MüKo/*Wegerhoff*, BGB, 5. Aufl., § 2352 Rn. 14. Vgl. den Überblick zum Streitstand bei Staudinger/*Schotten*, BGB, Bearb. 2004, § 2352 Rn. 31 ff. Nach zutreffender Auffassung ist aufgrund der Regelung gemäß § 2069 BGB die Bestimmung der Enkel als Ersatzschlusserben im gemeinschaftlichen Testament (ausdrücklich oder durch individuelle Auslegung) nicht notwendig, um eine Wechselbezüglichkeit der Ersatzerbberufung gemäß § 2270 II BGB anzunehmen, wenn sich nichts Gegenteiliges durch Auslegung ergibt. Vgl. Staudinger/*Otte*, BGB, Bearb. 2003, § 2069 Rn. 19; MüKo/*Leipold*, BGB, 5. Aufl., § 2069 Rn. 22; *Muscheler*, Erbrecht II, S. 1229 f; **aA.** BGHZ 149, 363 ff; Bamberger/Roth/*Litzenburger*, BGB, 2. Aufl., § 2069 Rn. 5 mwN.
Für deren Bindung ist im Erbvertrag die ausdrückliche Ersatzschlusserbeinsetzung der Enkel wegen §§ 2069, 2279 I BGB ohnehin nicht erforderlich, wenn die Erbeinsetzung des Kindes vertragsmäßig erfolgt und die individuelle Auslegung nichts Gegenteiliges ergibt.

331 BGH, NJW 1974, 43 f; OLG Hamm, OLGZ 1982, 272, 278.

332 Dazu wird entweder auf den Umfang der Abfindung im Verhältnis zum Erbteil abgestellt oder auf die Sicht der Parteien bei Vornahme der Abfindung. So Staudinger/*Otte*, BGB, Bearb. 2003, § 2069 Rn. 15, mwN. zum Streitstand.

333 Ein Ausschluss der Anwendung des § 2069 BGB wurde regelmäßig nicht angenommen, wenn nur ein Kind zur Erbfolge berufen war, da dann keine Doppelbegünstigung eines Stammes zu befürchten sei (OLG Frankfurt, ZEV 1997, 454, 457; Bamberger/Roth/*J. Mayer*, BGB, 2. Aufl., § 2352 Rn 22).

Der Zuwendungsverzicht galt in der Praxis daher als unsicheres und untaugliches Gestaltungsmittel.[334]

Diesen Schwierigkeiten sollte mit der Erweiterung der Wirkung des Zuwendungsverzichts begegnet werden. Da das Stichtagsprinzip gemäß Art. 229 § 23 IV EGBGB für den Anwendungsbereich auch dieser Neuregelung maßgeblich ist, werden von ihr ebenfalls Zuwendungsverzichtsverträge und bindende Ersatzschlusserbeinsetzungen aus der Zeit vor der Verkündung der Gesetzesänderung am 29. September 2009 erfasst, wenn der Erbfall ab dem 01. Januar 2010 eintritt.[335] Die Neuregelung knüpft also künftige Rechtsfolgen an Umstände, die vor der Verkündung des Änderungsgesetzes liegen können und wirkt dann auf noch nicht abgeschlossene Sachverhalte und Rechtsbeziehungen für die Zukunft ein. Falls dadurch eine Rechtsposition entwertet wird, liegt eine unechte Rückwirkung vor, die auf ihre verfassungsrechtliche Zulässigkeit hin zu überprüfen ist.

I. Verletzung eines Rechts des Ersatzschlusserben?

Um die Auswirkungen des Änderungsgesetzes bewerten zu können, ist zu prüfen, ob und wessen Rechte dadurch beeinträchtigt werden. Folgen hat die Erweiterung des Anwendungsbereichs des § 2349 BGB zunächst für den Ersatzschlusserben, zu dessen Nachteil die bindende Ersatzberufung aufgehoben wird: Schlossen der überlebende Ehegatte (Erblasser) und dessen Kind unter der Geltung des alten Rechts nach dem Versterben des kürzer lebenden Ehegatten einen Zuwendungsverzicht, rückten die Kinder des Kindes (Enkel) als Ersatzerben in die Rechtsstellung des

Eine solche als unsachgemäß empfundene Doppelbegünstigung konnte eintreten, wenn die sich gegenseitig als Vollerben einsetzenden Ehegatten mehrere gemeinsame Kinder hatten, die sie zu gleichen Teilen als Schlusserben einsetzen, und eines ihrer Kinder nach Versterben des kürzer lebenden Ehegatten einen Zuwendungsverzicht mit dem überlebenden Ehegatten (Erblasser) gegen eine vollständige Abfindung schloss. Hat das verzichtende Kind seinerseits Kinder (Enkel des Erblassers), können diese aufgrund ergänzender Testamentsauslegung (§ 2069 BGB) oder ausdrücklicher Bestimmung Ersatzschlusserben sein. Dann erhält das verzichtende Kind die volle Abfindung, und dessen Kinder (Enkel) werden beim Erbfall dennoch zu insgesamt Einhalb als Erben berufen. Durch den Erbteil und die Abfindung erhält der Stamm des verzichtenden Kindes mehr als der andere Stamm und auch mehr als ihm nach der Verfügung von Todes wegen wertmäßig zusteht.

334 *Klinck*, ZEV 2009, 533, 534.

335 Vgl. oben C.IV.

Verzichtenden ein.[336] Die Ersatzschlusserbeinsetzung blieb bindend und der Erblasser erhielt seine Testierfreiheit nicht zurück.[337] Verstirbt der überlebende Ehegatte aber erst nach dem 01. Januar 2010, könnte die Ersatzschlusserbeinsetzung durch Erstreckung des Zuwendungsverzichts auf die Abkömmlinge aufgehoben werden, weil dem Zuwendungsverzicht ab dem 01.01.2010 die Wirkung gemäß §§ 2352 S. 3, 2349 BGB iVm. Art. 229 § 23 IV EGBGB zukommt.

Dieses durch die Übergangsregelung theoretisch mögliche Ergebnis ist jedoch bei sachgerechter Auslegung eines Zuwendungsverzichts aus der Zeit vor der Gesetzesänderung regelmäßig auszuschließen. § 2349 BGB letzter Halbsatz ordnet die Erstreckung auf die Abkömmlinge des Verzichtenden nur an, „sofern etwas anderes nicht bestimmt wird". Vor dem Erbrechtsänderungsgesetz konnte die Wirkung eines Zuwendungsverzichtsvertrages nach hM. nicht mit Wirkung für die Abkömmlinge des Verzichtenden geschlossen werden.[338] Wurde das Thema „Erstreckung auf die Abkömmlinge" beim Vertragsschluss angesprochen, wird der Notar daher im Sinne der hM. darüber belehrt haben. Wurde das Thema nicht angesprochen, durfte der Verzichtende wegen dieser hM. darauf vertrauen, dass der Verzicht *nicht* zulasten seiner Abkömmlinge gehen werde. Zuwendungsverzichte aus der Zeit vor dem Erbrechtsänderungsgesetz sind also im Sinne des letzten HS. des § 2349 BGB auszulegen, sodass die Neuregelung ihre Wirkung im Ergebnis nicht ändert.

In der Gesetzesbegründung wird zwar vertreten, der Erblasser müsse den Ausschluss der Erstreckung auf die Abkömmlinge gemäß § 2349 BGB im Zuwendungsverzichtsvertrag „*ausdrücklich* bestimmen", damit die „vermutete Erstreckung nicht gilt".[339] Diese Auffassung ist allerdings unzutreffend. Auch wenn die Vorschrift eine Dispositivnorm und keine Auslegungsregel ist, steht dies der Auslegung des Zuwendungsverzichts nicht entgegen, da er als Vertrag nach den allgemeinen Grundsätzen der Auslegung zugänglich ist. Im Übrigen wird im Fall des *Erb- oder Pflichtteilsverzichts* (§§ 2346 BGB) ganz überwiegend die Möglichkeit des stillschweigenden Ausschlusses der Erstreckung auf die Abkömmlinge durch Auslegung des Vertrages angenommen.[340]

---

336 Staudinger/*Schotten*, BGB, Bearb. 2010, § 2352 Rn. 29, 35.

337 Vgl. Bamberger/Roth/*J. Mayer*, BGB, 2. Aufl., § 2352 Rn. 19; Soergel/*Damrau*, BGB, 13. Aufl., § 2349 Rn. 2.

338 Vgl. oben F.

339 Begründung B. Art. 1 Nr. 31 Entwurf eines Gesetzes zur Änderung des Erb- und Verjährungsrechts der Bundesregierung vom 30.1.2008, (Hervorhebung vom Verfasser).

340 Vgl. MüKo/*Wegerhoff*, BGB, 5. Aufl., § 2349 Rn. 6 („Einschränkungen dieser Art können sich auch im Wege der Auslegung ergeben."); Bamberger/Roth/*J. Mayer*,

Da dieselbe Vorschrift (§ 2349 BGB) angewandt wird, muss dies ebenfalls für den Zuwendungsverzicht gelten. Zudem ist das Erfordernis eines ausdrücklichen Ausschlusses der Erstreckung auf Abkömmlinge höchst problematisch, da sonst nach altem Recht vorgenommene Zuwendungsverzichte *zugunsten* des Ersatzerben von der Wirkung des § 2349 BGB erfasst wären, wenn sie keinen ausdrücklichen Ausschluss enthielten. Zwar erscheint es auf den ersten Blick unwahrscheinlich, dass in einem solchen Fall ein Ausschluss der Erstreckung nicht bestimmt worden wäre. Andererseits bestand für einen solchen Ausschluss nach der herrschenden Meinung und Rechtsprechung zur alten Rechtslage keinerlei Bedürfnis. § 2349 BGB war nicht auf den Zuwendungsverzicht anwendbar, und die Beseitigung der Ersatzerbeinsetzung konnte ausschließlich aufgrund der Auslegung der *Verfügung von Todes wegen* erfolgen, wofür der Inhalt des späteren Zuwendungsverzichts unerheblich war.

Die Möglichkeit, dass es trotz der hM. zur alten Rechtslage Zuwendungsverzichtsverträge aus der Zeit vor dem Erbrechtsänderungsgesetz mit *ausdrücklich* bestimmter Erstreckung auf Abkömmlinge gibt, dürfte eine Ausnahme darstellen. In diesen Fällen wird die Wirkung des Zuwendungsverzichts durch das Erbrechtsänderungsgesetz aber tatsächlich nachträglich auf die Abkömmlinge gemäß §§ 2352 S. 3, 2349 BGB iVm. Art. 229 § 23 IV EGBGB erstreckt. Dies führt allerdings nicht zu einer unzulässigen unechten Rückwirkung zulasten des Ersatzschlusserben, da der Ersatzschlusserbe nicht in einem eigenen Recht verletzt wird, auch wenn die Ersatzschlusserbbestimmung bindend war. Im Gegensatz zur bisher unter C., D. und E. untersuchten Beeinträchtigung der Aussicht auf den Pflichtteilsanspruch erfasst der Zuwendungsverzicht eine gewillkürte *Erbeinsetzung*, ohne dass dadurch das Pflichtteilsrecht tangiert wird. Hierdurch ergeben sich Unterschiede, weil die Stellung als Ersatzschlusserbe trotz bindender Verfügung bis zum Erbfall nicht sicher ist:

Der Schlusserbe (nicht der *Ersatz*schlusserbe) soll nach herrschender Meinung bei vertragsmäßiger bzw. wechselbezüglicher Einsetzung ab Versterben des kürzer lebenden Ehegatten schon vor dem Schlusserbfall eine rechtlich gesicherte Aussicht haben, Erbe zu werden, da die bindende Erbeinsetzung dann nicht mehr einvernehmlich zwischen den Ehegatten aufgehoben werden kann.[341] Vereinzelt

BGB, 2. Aufl., § 2349 Rn. 3; Staudinger/*Schotten*, BGB, Bearb. 2010, § 2349 Rn. 15; **aA.** ohne Begründung Palandt/*Weidlich*, BGB, 70. Aufl., § 2349 Rn. 2.

341 Bamberger/Roth/*Müller-Christmann*, BGB, 2. Aufl., § 1922 Rn. 96; Soergel/*Stein*, BGB, 13. Aufl., Einl. zu §§ 1922 ff Rn. 3; MüKo/*Leipold*, BGB, 5. Aufl., § 1922 Rn. 136 („eine mehr oder weniger begründete Aussicht auf das Erbrecht").

wird dem derart Bedachten daher eine gegenwärtige gesicherte Rechtsstellung, Erbe des überlebenden Ehegatten zu werden, zuerkannt und damit ein bestehendes Anwartschaftsrecht ab Versterben des kürzer lebenden Ehegatten angenommen.[342] Diese Auffassung geht jedoch zu weit, da noch nicht von einem bereits bestehenden Recht und damit auch nicht von einem Anwartschaftsrecht gesprochen werden kann. Selbst eine bindende Erbeinsetzung räumt zu Lebzeiten des Erblassers keinerlei Befugnisse im Sinne einer Rechtsmacht gegen ihn oder einen anderen ein, und auch eine Übertragung oder Vererbung der Position ist nicht möglich.[343,344] Daher kommt für den Schlusserben ab Versterben des kürzer lebenden Ehegatten allenfalls eine (in gewissem Umfang)[345] gesicherte Aussicht in Betracht, aber kein Anwartschaftsrecht oder sonstiges subjektives Recht.

Eine vergleichbare Erbaussicht des *Ersatz*schlusserben zu begründen, ist noch schwieriger, da ein Zuwendungsverzicht nach herrschender Meinung zwischen dem Schlusserben, der den Verzicht erklärte, und dem Erblasser analog § 2351 BGB wieder aufgehoben werden kann.[346] Nur vereinzelt wird vertretenen, dass

342 Erman/*W. Schlüter*, BGB, 12. Aufl., Einl. zu §§ 1922 ff Rn. 9 (Dort heißt es (unzutreffender Weise unter Bezug auf die „hM“): „Dem Schlusserben aus einem Berliner Testament spricht die hM … ein gesichertes Anwartschaftsrecht zu…“); *Knieper*, DNotZ 1968, 331, 334 f (für den im Erbvertrag Bedachten). Vgl. ebenfalls BGHZ 37, 319, 322 f, wo angenommen wird, dass vieles dafür spreche, „daß der durch gemeinschaftliches Testament von Ehegatten eingesetzte Schlußerbe mit dem Tode des erstversterbenden Ehegatten und der Annahme von dessen Zuwendung seitens des überlebenden Ehegatten ein solches Anwartschaftsrecht erlangt, nämlich eine gegenwärtige, gesicherte Rechtsstellung, Erbe des überlebenden Ehegatten zu werden.“

343 *v. Lübtow*, Erbrecht II, S. 624 f; Staudinger/*Kanzleiter*, BGB, Bearb. 2006, Einl. zu §§ 2274 Rn. 10; MüKo/*Leipold*, BGB, 5. Aufl., § 1922 Rn. 136; RGRK/*Kregel*, BGB, 12. Aufl., § 2286 Rn. 1; Bamberger/Roth/*Müller-Christmann*, BGB, 2. Aufl., § 1922 Rn. 96; Palandt/*Weidlich*, BGB, 71. Aufl., § 1922 Rn. 4. Vgl. außerdem oben B.I.

344 Eine Ausnahme davon wird überwiegend im Fall der Einsetzung eines Nacherben gemacht, wenn der Erbfall schon eingetreten ist, aber noch nicht der Nacherbfall. Dann soll bereits ein übertragbares Anwartschaftsrecht bestehen. Vgl. RGZ, 101, 185; 170, 163, 168; BGHZ 87, 367, 369; Staudinger/*Avenarius*, BGB, Bearb. 2003, § 2100 Rn. 69; MüKo/*Grunsky*, BGB, 5. Aufl., § 2100 Rn. 34; Bamberger/Roth/*Litzenburger*, BGB, 2. Aufl., § 2100 Rn. 40; Soergel/*Harder*/*Wegmann*, BGB, 13. Aufl., § 2100 Rn. 13.

345 Vgl. zu der Einschränkung unten F.I.

346 Staudinger/*Schotten*, BGB, Bearb. 2004, § 2352 Rn. 54; Bamberger/Roth/*J. Mayer*, BGB, 2. Aufl., § 2352 Rn. 28; MüKo/*Wegerhoff*, BGB, 5. Aufl., § 2352 Rn. 17; AnwK/*Beck*/*Ulrich*, BGB, 2. Aufl., § 2352 Rn. 20.

ein Zuwendungsverzicht nicht aufgehoben werden könne, da sich § 2351 BGB wegen der verschiedenen Interessenlage nicht auf die in § 2352 BGB bezeichneten Verträge beziehe und der Typenzwang des Erbrechts deshalb eine Aufhebung ausschließe.[347] Durch die nach hM. mögliche Aufhebung des Zuwendungsverzichts lebt die Schlusserbeinsetzung wieder auf, und der Ersatzschlusserbe wird durch den Schlusserben (erneut) ausgeschlossen. Deshalb müsste der Schlusserbe versterben, nachdem er den Zuwendungsverzicht geschlossen hat, damit eine spätere Aufhebung nicht mehr möglich ist.

In letzter Konsequenz ist es meines Erachtens aber abzulehnen, dass die Aussicht des Ersatzschlusserben nach dem Versterben des kürzer lebenden Ehegatten und des Schlusserben überhaupt rechtlich sicher ist. Es ist nicht auszuschließen, dass der Erblasser künftig die Anfechtung des Erbvertrags oder gemeinschaftlichen Testaments wegen der Übergehung eines Pflichtteilsberechtigten (§§ 2281 I, 2079 BGB) vornimmt, falls er (erneut) heiratet, eine eingetragene Lebenspartnerschaft begründet oder jemanden adoptiert. Weil der Erbfall noch nicht eingetreten ist und sich vor dem Erbfall keine subjektiven Rechte aus der Erbeinsetzung ableiten,[348] stand dem Ersatzschlusserben im Fall der Anfechtung *zu Lebzeiten* des Erblassers *nie* ein Recht aus der Erbeinsetzung zu. Da dem Ersatzschlusserben nie ein Recht zustand, kann diese Unwägbarkeit auch nicht mit dem Ausnahmecharakter der Anfechtung als rückwirkender Vernichtung von Rechten abgetan werden.

Das gilt in gleicher Weise für die Aussicht des Schlusserben nach dem Versterben des kürzer lebenden Ehegatten. Eine Beeinträchtigung von Rechten des Ersatzschlusserben scheidet daher aus.[349]

---

347 So *Kipp/Coing*, Erbrecht, 13. Aufl., S. 474; *Kornexl*, Der Zuwendungsverzicht, S. 182 ff. Danach wäre eine neue Erbeinsetzung durch Verfügung von Todes wegen erforderlich, die aufgrund der Bindungswirkung des Erbvertrages bzw. gemeinschaftlichen Testaments an die Ersatzerbeinsetzung jedoch nicht wirksam sein würde.

348 Vgl. oben B.I.

349 Würde man aufgrund der bindenden Ersatzerbeinsetzung ein Anwartschafts*recht* (vgl. oben F.I.) des Ersatzerben annehmen, stünde ihm bereits vor dem Erbfall ein bestehendes und gegenwärtiges Recht zu. Die Neuregelung würde dieses bereits bestehende Recht im Fall eines vor dem 01.01.2010 geschlossenen Zuwendungsverzichts mit Wirkung für den Tag des Zustandekommens des Zuwendungsverzichts vernichten, wenn der Erbfall nach dem 01.01.2010 eintritt. Dadurch würde ändernd in einen in der Vergangenheit liegenden und schon *abgeschlossenen* Tatbestand (bestehendes Recht) eingegriffen, sodass eine nicht zu rechtfertigende echte Rückwirkung vorläge. Aus den genannten Gründen ist dieses Verständnis jedoch abzulehnen.

Dies übersehen *Kanzleiter*[350] und *Klinck*,[351] die mit der Erstreckung des Zuwendungsverzichts im Sinne des § 2349 BGB stets eine unzulässige Beeinträchtigung des Ersatzschlusserben annehmen (ohne die Rückwirkungsproblematik anzusprechen), da in die durch §§ 2289, 2287 BGB rechtlich geschützte Aussicht des Ersatzberufenen eingegriffen werde.

1. Keine Erstreckung auf den Nacherben

Eine (rückwirkende) Vernichtung der Berufung des *Nacherben*, dem ab Eintritt des Vorerbfalls bereits subjektive Rechte aus seiner Rechtstellung zustehen,[352] kann durch einen Zuwendungsverzicht des Vorerben aufgrund der Neuregelung nicht eintreten. Es entfällt nur die Ersatzberufung, nicht das davon zu unterscheidende selbständige Nacherbrecht.[353]

2. Zwischenergebnis: Keine Verletzung der Rechte des Ersatzschlusserben

Zuwendungsverzichtsverträge aus der Zeit vor der Verkündung des Erbrechtsänderungsgesetzes sind regelmäßig dahingehend auszulegen, dass eine Erstreckung auf Abkömmlinge des Verzichtenden iSd. letzten Halbsatzes § 2349 BGB nicht gewollt ist.

Zudem begründet eine bindende Ersatzschlusserbeinsetzung vor dem Erbfall keine subjektiven Rechte oder rechtlich gesicherte Aussicht auf Ersatzschlussberufung. Deshalb verletzt die Erweiterung des Zuwendungsverzichts den Ersatzschlusserben nicht in seinen Rechten, insbesondere nicht durch unechte Rückwirkung.

---

350 *Kanzleiter*, DNotZ 2009, 805, 812.

351 *Klinck*, ZEV 2009, 533, 536.

352 Vgl. Staudinger/*Avenarius*, BGB, Bearb. 2003, § 2100 Rn. 69 ff; MüKo/*Grunsky*, BGB, 5. Aufl., § 2100 Rn. 34 ff; Bamberger/Roth/*Litzenburger*, BGB, 2. Aufl., § 2100 Rn. 40 ff; *K. Lange*, Erbrecht, 1. Aufl., S. 496 ff.

353 Staudinger/*Schotten*, BGB, Bearb. 2010, § 2352 Rn. 29.

II. Verletzung der Testierfreiheit des vorverstorbenen Ehegatten

Es ist aber zu überlegen, ob der *vorverstorbene Ehegatte* durch einen Zuwendungsverzicht mit der Wirkung gemäß § 2349 BGB in seiner Testierfreiheit verletzt wird, wenn die angeordnete Schluss- und Ersatzschlusserbeinsetzung *vor* der Verkündung des Erbrechtsänderungsgesetzes bindend wurde. Denn fällt nach dem Tod des kürzer lebenden Ehegatten die Bindung der Verfügungen des überlebenden Ehegatten weg und testiert letzterer anders, wird die vom vorverstorbenen Ehegatten erstrebte Schlusserbfolge nicht erreicht, der Grund für die Einsetzung des überlebenden Ehegatten als Vollerben verfehlt und die Bindung an seine eigenen Verfügungen, als selbst auferlegte Einschränkung seiner Testierfreiheit, hinfällig. Um diese Wirkungen bewerten zu können, ist das Verhältnis der Verfügungen eines zweiseitigen Erbvertrags bzw. gemeinschaftlichen Testaments zueinander zu untersuchen.

Setzen sich Ehegatten in einem gemeinschaftlichen Testament oder Erbvertrag gegenseitig zu Vollerben ein und bestimmen sie ausdrücklich einen Schlusserben und Ersatzschlusserben, macht jeder Ehegatte von seiner Testierfreiheit in dreifacher Hinsicht Gebrauch. Erstens durch Einsetzung des anderen Ehegatten, zweitens durch Einsetzung des Schlusserben und drittens durch Bestimmung des Ersatzschlusserben. Aus der jeweiligen Sicht eines Ehegatten kann sich von diesen Erbeinsetzungen aber nur *eine* realisieren. Dies ist abhängig davon, ob er selbst vorverstirbt oder ob er den anderen Ehegatten überlebt und, als Unterfall der zweiten Alternative, ob der Ersatzschlusserbfall eintritt. Entweder wird der Ehegatte der Erbe des vorverstorbenen Ehegatten, dann greift nur seine (Ersatz-)Schlusserbeinsetzung, oder er verstirbt vor dem überlebenden Ehegatten, dann greift lediglich die Erbeinsetzung, nach der der andere Ehegatte zu seinem Erben berufen wird. Für die Berufung des Ersatzschlusserben wirkt also stets nur die Verfügung des überlebenden Ehegatten.

Aber auch wenn der Ersatzschlusserbe materiellrechtlich ausschließlich durch die Verfügung des überlebenden Ehegatten zum Erben berufen wird, verwirklicht sich dadurch im Fall der gegenseitigen Erbeisetzung mit Ersatzschlusserbeinsetzung das vom vorverstorbenen Ehegatten Gewollte. Beim Abschluss des Erbvertrags oder des gemeinschaftlichen Testaments ist es lediglich dem Zufall überlassen, ob die (Ersatz-)Schlusserbbestimmung des einen oder des anderen Ehegatten greift, da ungewiss ist, welcher Ehegatte den anderen überleben wird. Um dieser Unwägbarkeit Rechnung zu tragen, bindet sich jeder Ehegatte bei Abschluss des Erbvertrags oder des gemeinschaftlichen Testaments an seine eigenen Verfügungen. Dies erfolgt als Ausgleich dafür, dass auch der andere Ehegatte bindend testiert, um die gewünschte Schlusserbfolge unabhängig von der Reihenfolge der Todesfälle zu gewährleisten. Die Bindung des überlebenden Ehegatten an die Verfügungen ist daher nicht ein bloßes Motiv des vorverstorbenen Ehegatten, sondern ein erbrechtliches Gestaltungsmittel, um den eigenen Willen umzusetzen.

Diese Wertung wird durch die Regelung gemäß § 2270 I BGB unterstrichen, wonach der Widerruf einer wechselbezüglichen Verfügung zu Lebzeiten der Ehegatten auch die Unwirksamkeit der anderen Verfügung bewirkt. Beim zweiseitigen Erbvertrag stehen und fallen die vertragsmäßigen Verfügungen nach § 2298 I BGB ebenfalls miteinander. Solche scharfen Regelungen wären nicht erforderlich, wenn grundsätzlich davon auszugehen wäre, dass die Verfügungen des Ehegatten auch bei Wegfall der Bindung an die Verfügungen des anderen Ehegatten noch von seinem Willen getragen würden. Diese Abhängigkeit der Verfügungen voneinander wird in den Protokollen zum BGB so beschrieben, „daß zwischen den beiderseitigen Verfügungen ein gewisser Zusammenhang bestehe, welcher nicht der der wechselseitigen Bedingtheit und ebensowenig der der vertragsmäßigen Gegenleistung sei, sondern darauf beruhe, daß jede der beiden Verfügungen mit Rücksicht auf die andere getroffen sei.“[354] Daraus folgt, dass die Bindung des überlebenden Ehegatten an die (Ersatz-)Schlusserbeinsetzung die Grundlage dafür ist, dass der vorverstorbene Ehegatte ihn als Vollerben eingesetzt hat, um später die (Ersatz-)Schlusserbfolge zu erreichen.[355] Die Einschränkung der Testierfreiheit des überlebenden Ehegatten durch die Bindung an dessen Verfügung dient deshalb der Ausübung der Testierfreiheit des vorverstorbenen Ehegatten.

Dass die Testierfreiheit durch die Aufhebung der Bindung des anderen Ehegatten betroffen ist, wird auch an dem theoretischen Fall deutlich, dass eine (fiktive) gesetzliche Neuregelung nachträglich die Bindung von vertragsmäßigen Verfügungen (nicht die Verfügungen selbst) eines zweiseitigen Erbvertrags zwischen Ehegatten aufhebt, bevor einer der Ehegatten verstirbt. Könnte ein Ehegatte wegen inzwischen eingetretener Testier- und Geschäftsunfähigkeit nicht neu verfügen, läge die Beeinträchtigung seiner Testierfreiheit auf der Hand. Er wäre rein faktisch an Verfügungen gebunden, die er ohne die Bindung des anderen Ehegatten nicht vorgenommen oder aufrecht erhalten hätte. Dann wäre ihm keine anderweitige Verfügung mehr möglich, obwohl er mit der Aufhebung der Bindung des anderen Ehegatten bei *Fortbestehen* seiner Verfügung nicht rechnen musste.

---

354 Protokolle der Kommission für die zweite Lesung des Entwurfs des Bürgerlichen Gesetzbuchs, amtl. Ausgabe, Band V, S. 450.

355 Vgl. auch die Wertung des § 2270 II Alt. 2 BGB.

Da die Bindung des länger lebenden Ehegatten an seine Verfügungen die Testierfreiheit des vorverstorbenen Ehegatten wahrt, ist losgelöst von der Problematik des Übergangsrechts auch die Rechtsprechung und herrschende Meinung fragwürdig, die die Wechselbezüglichkeit der Ersatzschlusserbeinsetzung im Fall des gemeinschaftlichen Testaments gemäß § 2270 II BGB bei Anwendung des § 2069 BGB ablehnt.[356] Denn wenn die individuelle Auslegung des gemeinschaftlichen Testaments in dieser Frage kein anderes Ergebnis liefert, liegt es bereits aufgrund der Einsetzung der gemeinsamen Kinder als Schlusserben nahe, dass das Vermögen der Familie zukommen soll, im Zweifel also auch den entfernteren Abkömmlingen. Deshalb wird der vorverstorbene Ehegatte in diesen Fällen regelmäßig den Willen haben, dass die Enkel *bindend* als Ersatzschlusserben eingesetzt sind. Ehegatten rechnen in aller Regel nicht damit, dass ihre Kinder vor dem Schlusserbfall sterben oder aus anderen Gründen wegfallen. Dem soll § 2069 BGB aber gerade Rechnung tragen.

Außerdem ist die Auffassung abzulehnen, dass ein verfassungsrechtlicher Schutz der Testierfreiheit mit dem Tod des Erblassers ende.[357] Da eine Verletzung der Testierfreiheit grundsätzlich erst mit dem Erbfall festzustellen ist, wenn das Gewollte trotz entsprechender Verfügung nicht eingetreten ist, muss dies auch nach dem Tod des Grundrechtsträgers geltend gemacht werden können. Dazu ist der Grundsatz, wonach eine Verletzung der Testierfreiheit ab dem Erbfall von demjenigen geltend gemacht werden kann, der durch die Unwirksamkeit der Verfügung von Todes wegen einen Nachteil erfährt,[358] heranzuziehen und auch auf denjenigen anzuwenden, der durch die Beseitigung der Bindung einer Verfügung einen Nachteil erfährt.[359]

---

356 BGHZ 149, 363 ff; BayObLG ZEV 2004, 244; Staudinger/*Kanzleiter*, BGB, Bearb. 2006, § 2270 Rn. 31; *H. Lange/Kuchinke*, Erbrecht, 5. Aufl., S. 451 f; *Baumann*, ZEV 1994, 351, 353; *Keim*, ZEV 2002, 437 ff; *Schmucker*, DNotZ 2002, 665 ff; *K. Lange*, Erbrecht, 1. Aufl., S. 121; Bamberger/Roth/*Litzenburger*, BGB, 2. Aufl., § 2069 Rn. 5; **aA.** Staudinger/*Otte*, BGB, Bearb. 2003, § 2069 Rn. 19; MüKo/*Leipold*, BGB, 5. Aufl., § 2069 Rn. 22; *Muscheler*, Erbrecht II, S. 1230.

357 *Everts*, ZEV 2010, 392, 395: „Ist er verstorben, ist insofern seine (Grund-) Rechtsträgerschaft erloschen."

358 Vgl. Staudinger/*Otte*, BGB, Bearb. 2008, Einl. zu §§ 1922 ff Rn. 66.

359 Da sich die Aufhebung der Bindungswirkung der Ersatzschlusserbeinsetzung erst mit dem Versterben des länger lebenden Ehegatten endgültig zeigt, ist die Beeinträchtigung ab dessen Tod geltend zu machen. Bei einem Interessenwiderstreit könnte ein Pfleger prozessual die Rechte wahren.

1. (Un-)Zulässigkeit der nachträglichen Einschränkung der Testierfreiheit des vorverstorbenen Ehegatten

Der Grund für die *bindende* Anordnung der Ersatzschlusserbeinsetzung ist, dass sie nicht bzw. nur unter den gesetzlich zugelassenen und damit vorhersehbaren Voraussetzungen wieder beseitigt werden kann.[360] Bei Abschluss des Erbvertrags bzw. gemeinschaftlichen Testaments hatten beide Ehegatten die Möglichkeit, dies zur Kenntnis zu nehmen. Sie entschieden sich aufgrund der Unwägbarkeit, welcher Ehegatte vorverstirbt, für eine bindende Verfügung. Die jeweilige Bindung an die Verfügung erfolgte, um auch den Willen des kürzer lebenden Ehegatten abzusichern.[361] Dieser Zweck läuft wie dargestellt aber leer, wenn sich die dafür maßgeblichen gesetzlichen Regelungen *nach* dem Eintritt der Bindung ändern.

Ein Vertrauen des Verfügenden auf den Bestand der Bindung gemäß den im Zeitpunkt der Errichtung der Verfügung von Todes wegen geltenden gesetzlichen Regelungen ist auch schutzwürdig, weil sie die Grundlage für den Inhalt der Verfügung sind. Diese Wertung wird durch den aus Art. 214 EGBGB abgeleiteten intertemporalen Grundsatz bestätigt, wonach eine vor der Rechtsänderung errichtete Verfügungen von Todes wegen nach dem zur Zeit der Errichtung maßgebenden Recht zu beurteilen ist.[362] Der Vertrauensschutz muss dabei nicht nur für denjenigen gelten, dessen (Ersatz-)Schlusserbbestimmung aufgrund der Reihenfolge der Todesfälle in Vollzug gesetzt wird, sondern hinsichtlich der Bindung bei zweiseitigen vertragsmäßigen bzw. wechselbezüglichen Verfügungen ebenfalls für den anderen Teil. Aufgrund der Abhängigkeit der Verfügungen voneinander wäre die Ausübung der Testierfreiheit durch den kürzer lebenden Ehegatten nämlich sinnlos, wenn der Gesetzgeber im Nachhinein die Bindung des überlebenden

---

360 Daran rüttelte auch die zur alten Rechtslage in Rechtsprechung und Literatur vertretene Auffassung nicht, wonach unter bestimmten Voraussetzungen ein Ausschluss des Ersatzschlusserben vermutet wurde. Es wurde nämlich nicht die Bindungswirkung selbst verneint, sondern die Verfügung dahin ausgelegt, dass eine Ersatzschlusserbfolge nicht gewollt sei. Vgl. BGH, NJW 1974, 43 f; OLG Hamm, OLGZ 1982, 272, 278; Staudinger/*Otte*, BGB, Bearb. 2003, § 2069 Rn. 15; Bamberger/Roth/*J. Mayer*, BGB, 2. Aufl., § 2352 Rn 21 ff; MüKo/*Wegerhoff*, BGB, 5. Aufl., § 2352 Rn. 14. V.gl. den Überblick zum Streitstand bei Staudinger/*Schotten*, BGB, Bearb. 2004, § 2352 Rn. 31 ff.

361 Vgl. oben F.II.

362 Vgl. zu diesem Grundsatz Staudinger/*Ferid*/*Cieslar*, BGB, 12. Aufl., Einl. Zu §§ 2303 ff Rn. 179.

Ehegatten an die getroffenen Verfügungen aufheben könnte.[363] Nach seinem Tod kann der Verfügende die geänderte Rechtslage nicht mehr berücksichtigen.

Der maßgebliche Zeitpunkt für die Beurteilung des schutzwürdigen Vertrauens auf die geltende Rechtslage ist im Fall des gemeinschaftlichen Testaments der Eintritt des Todes des kürzer lebenden Ehegatten, da bis dahin der Widerruf gemäß §§ 2271, 2296 BGB frei möglich ist. Solange kann üblicherweise noch auf eine geänderte Rechtslage reagiert werden.[364] Beim zweiseitigen Erbvertrag ist hingegen auf den Zeitpunkt des Abschlusses abzustellen, da er ab dann bindend ist.

Der Vertrauensschutz ist erst dort zu versagen, wo der vorverstorbene Ehegatte damit rechnen musste, dass eine Beseitigung der Bindung an die Ersatzschlusserbeinsetzung künftig eintreten kann. Das sind die Fälle, in denen auch nach alter Rechtlage eine bindende Verfügung keinen Bestand gehabt hätte. Nach der Rechtslage vor dem Erbrechtsänderungsgesetz waren das die Fälle, in denen aufgrund einer vollständigen Abfindung des Schlusserben die (bindende) Ersatzschlusserbeinsetzung durch Auslegung dahin eingeschränkt wurde, dass sie dann nicht gewollt sei.[365]

Hingegen führt die potenziell immer mögliche Erblasseranfechtung durch den überlebenden Ehegatten wegen Übergehung eines Pflichtteilsberechtigten (§§ 2281 I, 2079 BGB) nicht (wie beim Ersatzschlusserben)[366] dazu, dass das Vertrauen des kürzer lebenden Ehegatten auf den Bestand der bindenden Verfügung nicht schutzwürdig ist. Denn das Vertrauen ist darauf gerichtet, dass die durch den überlebenden Ehegatten verfügte (Ersatz-)Schlusserbbestimmung bindend ist, *falls er zum Erben berufen wird.* Im Fall der Anfechtung durch den überlebenden Ehegatten wird neben der bindenden (Ersatz-)Schlusserbeinsetzung aber ebenfalls seine Berufung als Alleinerbe rückwirkend vernichtet (§ 2298 I BGB).

---

363 Vgl. zu der Problematik, wenn im Fall einer Neuregelung der Bindungswirkung von gemeinschaftlichen Testamenten und Erbvertragen nicht an das Errichtungsstatut angeknüpft wird, *Hess*, Intertemporales Privatrecht, S. 230 ff. Vgl. auch Staudinger/*Ferid*/*Cieslar*, BGB, 12. Aufl., Einl. Zu §§ 2303 ff Rn. 179.

364 Im Einzelfall kann wegen inzwischen eingetretener Testier- und Geschäftsunfähigkeit aber schon vorher ein schutzwürdiges Vertrauen anzunehmen sein.

365 Vgl. dazu BGH, NJW 1974, 43 f; OLG Hamm, OLGZ 1982, 272, 278; Staudinger/*Otte*, BGB, Bearb. 2003, § 2069 Rn. 15; Bamberger/Roth/*J. Mayer*, BGB, 2. Aufl., § 2352 Rn 21 ff; MüKo/*Wegerhoff*, BGB, 5. Aufl., § 2352 Rn. 14. Vgl. den Überblick zum Streitstand bei Staudinger/*Schotten*, BGB, Bearb. 2004, § 2352 Rn. 31 ff.

366 Vgl. oben F.I.

Bei bindender Ersatzschlusserbeinsetzung stehen sich also die Testierfreiheit des überlebenden Ehegatten und die des vorverstorbenen Ehegatten gegenüber, sodass die Erweiterung der Testierfreiheit des überlebenden Ehegatten durch Einschränkung der Bindungswirkung zugleich die Einschränkung der Testierfreiheit des vorverstorbenen Ehegatten bewirkt. Durch die Änderung der gesetzlichen Vorgaben für die Bindung der Verfügungen wird die für die Gesetzesänderung sprechende Stärkung der Testierfreiheit also in *gleichem Umfang* von einer für den Vertrauensschutz sprechenden Schwächung der Testierfreiheit begleitet. Damit stehen sich gleichgewichtige Interessen Einzelner gegenüber, ohne dass darüber hinausgehende allgemeine Interessen gefördert werden, die eine Einschränkung des Vertrauensschutzes rechtfertigen könnten. Art. 229 § 23 IV EGBGB iVm. §§ 2352 S. 3, 2349 BGB schränkt die Testierfreiheit des vorverstorbenen Ehegatten deshalb in den Fällen unzulässig ein, in denen eine *vor* dem Erbrechtsänderungsgesetz bindend gewordene Ersatzschlusserbeinsetzung durch einen Zuwendungsverzicht mit der Wirkung gemäß § 2349 BGB aufgehoben wird.

2. Analogie zu Art. 214 II, 235 § 2 S. 2 EGBGB

Schon für das Inkrafttreten des BGB am 01.01.1900 und für das Inkrafttreten im Beitrittsgebiet sah das Übergangsrecht gemäß Art. 214 II und Art. 235 § 2 S. 2 EGBGB vor, dass sich die Bindung des Erblassers an ein gemeinschaftliches Testament oder einen Erbvertrag nach dem bei der Errichtung geltenden Recht bestimmt. Dieser intertemporale Grundsatz wurde im Gesetzgebungsverfahren des Erbrechtsänderungsgesetzes übersehen. Die Materialien enthalten keine Hinweise auf eine Auseinandersetzung mit der Problematik. Diese unbeabsichtigte Regelungslücke ist durch Analogie zu Art. 214 II und Art. 235 § 2 S. 2 EGBGB zu schließen, um die Verletzung der Testierfreiheit des vorverstorbenen Ehegatten bzw. Erbvertragspartners zu verhindern. Das bedeutet, dass für Zuwendungsverzichte, die gemäß Art. 229 § 23 IV EGBGB iVm. §§ 2352 S. 3, 2349 BGB auf Abkömmlinge zu erstrecken sind und dadurch eine *vor* dem Inkrafttreten des Erbrechtsänderungsgesetzes am 01.01.2010 bindend gewordene Ersatzschlusserbeinsetzung aufheben, stattdessen das bisherige vor dem 01.01.2010 geltende Recht maßgebend bleibt. Durch Analogie zu Art. 214 II und Art. 235 § 2 S. 2 EGBGB wird also die Erstreckung eines Zuwendungsverzichts auf Abkömmlinge gemäß § 2349 BGB ausgeschlossen, wenn die Abkömmlinge durch vor dem 01.01.2010 bindend gewordene Verfügung als Ersatzschlusserben bestimmt wurden.

III. Ergebnis

Die jeweilige Bindung an die Verfügungen in einem gemeinschaftlichen Testament oder Erbvertrag dient der Ausübung der Testierfreiheit des kürzer lebenden Ehegatten bzw. des kürzer lebenden Erbvertragspartners. Soweit durch §§ 2352 S. 3, 2349 BGB iVm. Art. 229 § 23 IV EGBGB vor dem Inkrafttreten des Gesetzes zur Änderung des Erb- und Verjährungsrechts am 01.01.2010 bereits bindend gewordene Ersatzschlusserbeinsetzungen aufgehoben werden, führt dies zu einer unverhältnismäßigen Einschränkung der Testierfreiheit des vorverstorbenen Ehegatten bzw. Erbvertragspartners. Dieses verfassungswidrige Ergebnis ist durch Analogie zu Art. 214 II und Art. 235 § 2 S. 2 EGBGB auszuschließen, sodass sich Zuwendungsverzichte nicht gemäß §§ 2352 S. 3, 2349 BGB iVm. Art. 229 § 23 IV EGBGB auf vor dem 01.01.2010 bindend gewordene Ersatzschlusserbeinsetzungen von Abkömmlingen erstrecken. Insoweit bleibt das vor dem 01.01.2010 geltende Recht maßgebend.

G. Echte Rückwirkung durch das Zweite Gesetz zur erbrechtlichen Gleichstellung nichtehelicher Kinder

Einen besonderen Fall einer Erbrechtsänderung mit Vergangenheitsbezug stellt das Zweite Gesetz zur erbrechtlichen Gleichstellung nichtehelicher Kinder, zur Änderung der Zivilprozessordnung und der Abgabenordnung vom 12.04.2011 (ErbGleichG-II) dar. Es wurde am 15.04.2011 verkündet, trat in Teilen aber bereits mit Wirkung zum *29.05.2009* in Kraft.[367]

Mit dem Gesetz wurde die Beseitigung der bis dahin noch bestehenden erbrechtlichen Benachteiligung vor dem 01.07.1949 geborener nichtehelicher Kinder bezweckt. Bis zum 30.06.1970 galt ein Kind von nicht miteinander verheirateten Eltern gemäß § 1589 II BGB aF. im Rechtssinne als nicht mit seinem Vater verwandt. Mangels rechtlicher Abstammung stand ihm ein gesetzliches Erbrecht oder Pflichtteilsrecht nach dem Vater und dessen Verwandten daher nicht zu. Um dem Verfassungsauftrag des Grundgesetzes (Art. 6 V GG) und der vom Bundesverfassungsgericht angemahnten[368] Verantwortung nachzukommen, die verfassungswidrige[369] Benachteiligung nichtehelicher Kinder zu mildern, wurde am 19.08.1969 das Gesetz über die rechtliche Stellung der nichtehelichen Kinder (NEhelG)[370] verabschiedet. Es trat zum 01.07.1970 in Kraft und strich unter anderem § 1589 II BGB aF., sodass die Abstammung zwischen dem Vater und dem nichtehelichem Kind auch im Rechtssinne galt, wenn die Vaterschaft gerichtlich festgestellt oder anerkannt war. Dem nichtehelichen Kind standen damit ein gesetzliches Erbrecht und ein Pflichtteilsrecht zu. Neben ehelichen Abkömmlingen oder der überlebenden Ehefrau des Erblassers wurde das nichteheliche Kind gemäß § 1934a I BGB aF. allerdings nicht gesetzlicher Erbe, es hatte in diesem Fall lediglich einen auf Geld gerichteten Erbersatzanspruch.

Die allgemeine Übergangsregelung gemäß Art. 12 § 1 NEhelG in der Fassung vom 19.08.1969 bestimmte die Anwendung der Neuregelungen nach dem Zeitpunkt des Erbfalls entsprechend dem Stichtagsprinzip. Es kam also darauf an, ob der Erblasser nach dem 30.06.1970 verstarb. Davon abweichend sah Art. 12

367 Vgl. Art. 5 Zweites Gesetz zur erbrechtlichen Gleichstellung nichtehelicher Kinder, zur Änderung der Zivilprozessordnung und der Abgabenordnung.

368 Vgl. BVerfGE 25, 167 ff.

369 Vgl. BVerfGE aaO.

370 Veröffentlicht in BGBl. 1969, ausgegeben am 22.08.1969, Teil I Nr. 80, S. 1243.

§§ 2–23 NEhelG idFv. 19.08.1969 für bestimmte Fälle besondere Übergangsregelungen vor. Eine dieser Ausnahmen bestimmte gemäß Art. 12 § 10 II NEhelG idFv. 19.08.1969 für die erbrechtlichen Verhältnisse eines vor dem 01.07.1949 geborenen nichtehelichen Kindes, dass weiterhin die bis zum 30.06.1970 geltende Rechtslage maßgeblich blieb. Vor dem 01.07.1949 geborenen nichtehelichen Kindern stand also nach wie vor kein gesetzliches Erb- oder Pflichtteilsrecht und damit auch kein Erbersatzanspruch nach dem Vater und dessen Verwandten zu.

Die übergangsrechtliche Frage des NEhelG idFv. 19.08.1969 für nichteheliche Kinder aus der Zeit vor dem Inkrafttreten wurde im Gesetzgebungsverfahren stark diskutiert.[371] Im Regierungsentwurf war unter Hinweis auf den allgemeinen Grundsatz des Art. 213 EGBGB zunächst eine Stichtagsregelung vorgesehen, nach der die Anwendung der Neuregelungen ausschließlich vom Zeitpunkt des Erbfalls abhing.[372] Eine derart weitreichende Geltung der Neuregelungen wurde im Rechtsausschuss des Bundestages allerdings abgelehnt.[373] Es gab verschiedene Vorschläge dahingehend, dass die Neuregelungen nicht anzuwenden waren, wenn das nichteheliche Kind zu einem bestimmten Zeitpunkt vor dem Inkrafttreten des Gesetzes geboren worden war. Einerseits wurde dafür auf eine Altersgrenze abgestellt, auf die Vollendung des 21. Lebensjahrs (Volljährigkeit) oder auch auf die Vollendung des 27. Lebensjahrs (kein vorzeitiger Erbausgleich iSd. § 1934d BGB aF. mehr möglich), andererseits wurde der Zeitpunkt des Inkrafttretens des Grundgesetzes herangezogen.[374] Ziel war es, bestimmte Altfälle durch eine „sachgerechte Lösung“ von der Anwendung des NEhelG auszuschließen, „die das

371 Vgl. etwa die Stellungnahme des Bundesrats zu Art. 13 § 10 Entwurf eines Einführungsgesetzes zum Gesetz über die rechtliche Stellung der unehelichen Kinder, veröffentlicht in BTDrs. V/3719, Anlage.

372 Vgl. Begründung zu Art. 13 § 10 I Entwurf eines Einführungsgesetzes zum Gesetz über die rechtliche Stellung der unehelichen Kinder, veröffentlicht in BTDrs. V/3719, S. 69. Es waren in Art. 13 § 10 II–IV des Entwurfs lediglich drei übergangsrechtliche Ausnahmen vorgesehen, die die nichtehelichen Kinder bei Erbfällen kurz vor dem Inkrafttreten des Gesetzes durch Unterhaltsansprüche gegen die Erben sogar begünstigen sollten, um Härten durch eine starre Orientierung am Erbfall bei der Anwendung der Neuregelungen zu mildern.

373 Vgl. Art. 13 § 10 des Entwurfs nach den Beschlüssen des Rechtsausschusses des Bundestages, abgedruckt bei *Schubert,* Die Reform des Nichtehelichenrechts (1961–1969), S. 400.

374 Vgl. Protokolle des Unterausschusses „Unehelichenrecht“ des Rechtsausschusses des Bundestages, 32. und 35. Sitzung vom 22.04.1969 und 07.05.1969, abgedruckt bei *Schubert,* Die Reform des Nichtehelichenrechts (1961–1969), S. 737, 738 und S. 751, 753 f.

Bundesverfassungsgericht akzeptieren könne".[375] Anlass für derartige Bedenken gab die Entscheidung des Bundesverfassungsgerichts vom 29.01.1969, in der der Gesetzgeber aufgefordert wurde, die durch Art. 6 V GG gebotene und überfällige Gleichstellung der nichtehelichen mit den ehelichen Kindern umzusetzen.[376] Letztlich entschied sich der Gesetzgeber mit der Fassung des Art. 12 § 10 II NEhelG idFv. 19.08.1969 für den Ausschluss der mindestens 21-jährigen, gemessen am Zeitpunkt des Inkrafttretens des NEhelG zum 01.07.1970.

Erst mit dem Inkrafttreten des (ersten) Gesetzes zur erbrechtlichen Gleichstellung nichtehelicher Kinder (ErbGleichG)[377] am 01.04.1998 wurde den nichtehelichen Kindern durch die Streichung der §§ 1934a–1934e, § 2338a BGB ein gesetzliches Erbrecht auch neben ehelichen Kindern und der Ehefrau des Erblassers eingeräumt. Die Übergangsregelung gemäß Art. 12 § 10 II NEhelG idFv. 19.08.1969 wurde allerdings nicht geändert, obwohl durch das ErbGleichG im Übrigen eine vollständige erbrechtliche Gleichstellung der nichtehelichen und ehelichen Kinder erfolgte. Vor dem 01.07.1949 geborene nichteheliche Kinder galten deshalb in Ansehung der erbrechtlichen Verhältnisse weiterhin als nicht mit dem Vater verwandt.

Davon waren gemäß Art. 235 § 1 II EGBGB die vor dem 01.07.1949 geborenen nichtehelichen Kinder wiederum nicht betroffenen, deren Vater am 02.10.1990 seinen gewöhnlichen Aufenthalt in den neuen Bundesländern hatte. Nach Art. 235 § 1 II EGBGB sind für solche nichtehelichen Kinder auch nach dem Beitritt die für ein eheliches Kind geltenden erbrechtlichen Vorschriften maßgeblich, da das nichteheliche Kind nach dem ZGB der DDR nicht anders als das eheliche Kind zu behandeln war. Diese durch das Erbstatut geschützte Erbaussicht sollte dem nichtehelichen Kind nicht wieder genommen werden.[378] Also war auch Art. 12 § 10 II NEhelG idFv. 19.08.1969 nicht anwendbar.

Die Rechtslage, nach der die „alten" (vor dem 01.07.1949 geborenen) nichtehelichen Kinder ohne DDR-Bezug gemäß Art. 12 § 10 II NEhelG idFv. 19.08.1969 kein gesetzliches Erb- oder Pflichtteilsrecht nach dem Vater hatten, galt (rein tatsächlich) bis zur Verkündung des ErbGleichG-II am 15.04.2011 fort.

---

375 Protokolle des Unterausschusses „Unehelichenrecht" des Rechtsausschusses des Bundestages, 35. Sitzung vom 07.05.1969, abgedruckt bei *Schubert,* Die Reform des Nichtehelichenrechts (1961–1969), S. 753.

376 BVerfGE 25, 167 ff.

377 Gesetz vom 16.12.1997, veröffentlicht in BGBl. 1997, ausgegeben am 19.12.1997, Teil I Nr. 84, S. 2968.

378 Staudinger/*Rauscher*, EGBGB, Bearb. 2003, Art. 235 § 1 Rn. 117 ff, 123.

Die Benachteiligung der „alten" nichtehelichen Kinder wurde vom Bundesverfassungsgericht als verfassungsgemäß angesehen.[379] Auch nach dem Beitritt der DDR wurde wegen der Ungleichbehandlung der „alten" nichtehelichen Kinder gegenüber den ebenfalls vor dem 01.07.1949 geborenen nichtehelichen Kindern mit DDR-Bezug kein Grundrechtsverstoß vom Bundesverfassungsgericht angenommen.[380] Selbst nach dem Inkrafttreten des (ersten) ErbGleichG, durch das die nichtehelichen Kinder mit den ehelichen vollständig gleichgestellt wurden, hatte das Bundesverfassungsgericht keine verfassungsrechtlichen Bedenken hinsichtlich der Übergangsregelung.[381]

Nachdem ihre Verfassungsbeschwerde (deshalb) nicht zur Entscheidung angenommenen worden war,[382] erhob eine durch die Übergangsregelung benachteiligte 1948 geborene nichteheliche Tochter Individualbeschwerde (Art. 34 EMRK) beim Europäischen Gerichtshof für Menschenrechte (EGMR) und machte eine Verletzung der Europäischen Konvention zum Schutze der Menschenrechte und Grundfreiheiten (EMRK) geltend. Die Tochter war von ihrem Vater als Kind anerkannt und hatte bis zum Erbfall eine enge persönliche Bindung zu ihm. Der EGMR stellte am 28.05.2009 durch Urteil fest, dass eine Diskriminierung aufgrund nichtehelicher Geburt nicht gerechtfertigt ist und die erbrechtliche Ungleichbehandlung von vor dem 01.07.1949 geborenen nichtehelichen Kindern und ehelichen Kindern Art. 14 EMRK (Diskriminierungsverbot) iVm. Art. 8 EMRK (Recht auf Achtung des Privat- und Familienlebens) verletzt.[383] Die Bundesrepublik Deutschland wurde zum Ersatz des aus der gesetzlichen Benachteiligung entstandenen Schadens verpflichtet.

---

379 Vgl. BVerfGE 44, 1 ff. Lediglich die Verfassungsbeschwerde in der Sache 1 BvR 755/08, v. 08.01.2009 (juris) war erfolgreich, bei der der Vater die Mutter des „alten" nichtehelichen Kindes über 50 Jahre nach dessen Geburt noch geheiratet hatte, inzwischen aber durch das KindRG vom 16.12.1997 die Legitimation durch nachfolgende Ehe gemäß § 1719 BGB aF. gestrichen worden war. Da das KindRG gerade die Gleichstellung der nichtehelichen Kinder bezweckte, wurde vom Bundesverfassungsgericht die darin liegende Benachteiligung als verfassungswidrig angesehen und den ordentlichen Gerichten eine verfassungskonforme Auslegung von Art 12 § 10 II NEhelG bzw. eine analoge Anwendung von § 1719 BGB aF. aufgegeben. Eine grundsätzliche verfassungswidrige Benachteiligung der „alten" nichtehelichen Kinder wurde vom Bundesverfassungsgericht aber weiterhin abgelehnt.

380 BVerfG, 1 BvR 563/96 v. 03.07.1996 (juris).

381 BVerfG, 1 BvR 2257/03 v. 20.11.2003 (juris).

382 BVerfG, 1 BvR 2257/03 v. 20.11.2003 (juris).

383 EGMR, 3545/04 v. 28.05.2009 – Brauer/Deutschland (juris).

Darauf reagierte der Gesetzgeber knapp zwei Jahre später mit dem am 15.04.2011 verkündeten ErbGleichG-II und strich unter anderem die Übergangsregelung des Art. 12 § 10 II NEhelG aF. *rückwirkend zum 29.05.2009*, dem Tag nach der Entscheidung des EGMR. Ergänzend dazu wurde in Art. 1 Nr. 4 ErbGleichG-II geregelt, dass auf Art. 12 § 10 II NEhelG aF. beruhende gerichtliche Entscheidungen aus der Zeit zwischen dem 29.05.2009 und 15.04.2011 nicht einem neuen Rechtsstreit in der gleichen Sache entgegengehalten werden können, selbst wenn die Entscheidung bereits rechtskräftig ist.

Die Konsequenzen der Neuregelung sind erheblich. Auch bei entgegenstehender Rechtskraft einer gerichtlichen Entscheidung haben vor dem 01.07.1949 geborene nichteheliche Kinder und deren Abkömmlinge bei Erbfällen ab dem 29.05.2009 nun also Ansprüche aus gesetzlichem Erbrecht und aus Pflichtteilsrecht nach dem Vater und dessen Verwandten. Durch das der Verkündung zeitlich vorgelagerte Inkrafttreten und der damit verbundenen Begründung eines gesetzlichen Erb- und Pflichtteilsrechts zugunsten der „alten" nichtehelichen Kinder liegt ein Vergangenheitsbezug des Änderungsgesetzes auf der Hand.

I. Rückwirkung auf den Zeitraum vom 29.05.2009 bis zum 15.04.2011

Wenn ein „altes" nichteheliches Kind[384] oder dessen Abkömmling[385] vorhanden ist, kommt es bei Erbfällen zwischen dem 29.05.2009 und 15.04.2011, bei denen die gesetzliche Erbfolge eingetreten ist, zur Anwendung des zum 29.05.2009 in Kraft getretenen ErbGleichG-II. Dadurch werden die bereits angefallenen Erbteile der ehelichen und der seit dem 01.07.1949 geborenen nichtehelichen Kinder des Erblassers (bzw. von deren Abkömmlingen) rückwirkend der Quote nach verringert. Dies trifft auch den überlebenden Ehegatten des Erblassers, wenn er im Fall des § 1931 I 1 Alt. 2 BGB oder des § 1931 IV BGB zu mehr als einem Viertel als Erbe berufen war. Ferner kommt es rückwirkend auf den Erbfall zur Begründung einer Erbengemeinschaft, wenn zuvor nur ein Abkömmling des Erblassers (§ 1924

384 Es können auch mehrere vor dem 01.07.1949 geborene nichteheliche Kinder des Erblassers nachträglich begünstigt sein. Da sich dadurch lediglich die Erb- und Pflichtteilsquoten weiter verschieben, sich sonst aber keine Besonderheiten ergeben, wird im Folgenden von einem einzigen „alten" nichtehelichen Kind ausgegangen.

385 Von Art. 12 § 10 II NEhelG aF. waren auch die Abkömmlinge des „alten" nichtehelichen Kindes erfasst.

I BGB) oder ein überlebender Ehegatte (§ 1931 II BGB) als gesetzlicher Alleinerbe berufen war. Zudem können gesetzliche Erben der zweiten oder höheren Ordnung durch den nichtehelichen Abkömmling, der Erbe der ersten Ordnung ist, nach dem Eintritt des Erbfalls sogar ganz ausgeschlossen werden (§ 1930 BGB).

Im Fall der gewillkürten Erbfolge bei Übergehung sowie im Fall der gesetzlichen Erbfolge bei Enterbung des vor dem 01.07.1949 geborenen nichtehelichen Abkömmlings entsteht rückwirkend auf den Erbfall ein Pflichtteilsanspruch, der die Erben beschwert.[386]

In diesen Fällen werden mit dem zwischen dem 29.05.2009 und 15.04.2011 schon eingetretenen Erbfall bereits entstandene subjektive Rechte (Eigentum) der ursprünglichen Erben nachträglich eingeschränkt oder aufgehoben. Die belastende Rechtsfolge der Normen des ErbGleichG-II tritt also vor deren Verkündung am 15.04.2011 ein, sodass ein bereits abgeschlossener Tatbestand erfasst und eine auf geltendes Recht gegründete Rechtsposition beeinträchtigt wird. Dies stellt schon *formal* eine echte Rückwirkung[387] (Rückbewirkung von Rechtsfolgen) dar.

1. Bedeutung des Urteils des EGMR für die Zulässigkeit der rückwirkenden Gesetzesänderung

Die Zulässigkeit der Rückwirkung hängt davon ab, welche Bedeutung das Urteil des EGMR vom 28.05.2009 für die Gesetzesänderung hat. Der EGMR selbst hat nicht die Kompetenz, das innerstaatliche Recht durch Urteil aufzuheben oder zu ändern,[388] und er kann nationale Gerichtsentscheidungen nicht kassieren.[389] Mit der Entscheidung vom 28.05.2009 führte der EGMR daher keine Änderung der

386 Dadurch wird die Frage aufgeworfen, ab wann die Verjährungsfrist des Pflichtteilsanspruchs gemäß §§ 195, 199 I BGB zu laufen beginnt. Weil die den Pflichtteilsanspruch begründenden Normen rückwirkend in Kraft traten, muss mE. die Verkündung der Neuregelung „den den Anspruch begründenden Umständen" zugerechnet werden, da zuvor objektiv und subjektiv keine Kenntnis vom Anspruch möglich ist. Es kann also nicht auf das Inkrafttreten der gesetzlichen Regelung abgestellt werden.

387 Vgl. dazu oben C.IV.1.a.aa.

388 EGMR, 6833/74 v. 13.06.1979 – *Marckx*, Z. 58 (juris); *Ress*, Die Wirkungen der Urteile des EGMR im innerstaatlichen Recht und vor innerstaatlichen Gerichten, in: Europäischer Menschenrechtsschutz, S. 227, 228; *Frowein*/Peukert, EMRK, 3. Aufl., Art. 46 Rn. 3.

389 EGMR, Urteil v. 20.09.1993, ÖJZ 1994, S. 322, 323 (Z. 47).

materiellen Rechtslage zwischen der Beschwerdeführerin und den Erben herbei und vor allem keine generell-abstrakte Änderung der innerstaatlichen Rechtslage an sich. Auch bleibt kein Raum für eine konventionskonforme Auslegung des Art. 12 § 10 II NEhelG aF. ab dem Zeitpunkt des Urteils. Der eindeutige Wortlaut der Norm steht dem entgegen. Außerdem wollte der Gesetzgeber mit der Regelung gerade den nur vom Alter abhängenden Ausschluss der „alten“ nichtehelichen Kinder.[390]

Neben der Entschädigungspflicht gegenüber der Beschwerdeführerin (Art. 41 EMRK) folgt aus dem Urteil des EGMR die Pflicht der Bundesrepublik Deutschland zur Änderung der konventionswidrigen Rechtslage gemäß Art. 46 I EMRK.[391] Die EMRK konkretisiert diese Verpflichtung nicht weiter. Es stellt sich also die Frage, ob die Gesetzesänderung rückwirkend auf den Zeitpunkt der Feststellung der Konventionswidrigkeit vorzunehmen ist oder ob die neue Gesetzeslage innerhalb eines angemessenen Zeitraums für die Zukunft zu schaffen ist. Dem Urteil des EGMR vom Art. 28.05.2009 ist dazu keine Vorgabe zu entnehmen.[392] Anerkannt ist jedenfalls, dass die Rechtslage aus Gründen der Rechtssicherheit nicht für Erbfälle aus der Zeit *vor* der Entscheidung des EGMR (*ex tunc*) zu ändern ist.[393] In dieser Zeit bereits eingetretene Rechtsfolgen der konventionswidrigen Norm haben Bestand.

Leipold ist der Auffassung, dass die Rechtslage mit Wirkung für Erbfälle ab der Verkündung des Urteils des EGMR am 28.05.2009 geändert werden müsse, da der nationale Gesetzgeber ab dem Zeitpunkt der Entscheidung eine Pflicht zur Änderung der Rechtslage habe.[394] Dass der Gesetzgeber diese *Pflicht* ab dem Zeitpunkt der Entscheidung hat, ist zutreffend (Art. 46 I EMRK). Allerdings ist damit noch keine Aussage darüber getroffen, wie er diese Verpflichtung im Verhältnis zum *nationalen Recht* umzusetzen hat. Wie dargestellt wurde, hat die Entscheidung des EGMR keine unmittelbare Auswirkung auf die innerstaatliche materielle

---

390 Protokolle des Unterausschusses „Unehelichenrecht“ des Rechtsausschusses des Bundestages, 35. Sitzung vom 07.05.1969, abgedruckt bei *Schubert*, Die Reform des Nichtehelichenrechts (1961–1969), S. 753.

391 *Frowein*/Peukert, EMRK, 3. Aufl., Art. 46 Rn. 7; Karpenstein/Mayer/*Breuer*, EMRK, 1. Aufl., Art. 46 Rn. 34.

392 Vgl. EGMR, 3545/04 v. 28.05.2009 – Brauer./. Deutschland, Rn. 99 ff (juris). In der Sache selbst war der Schaden der Beschwerdeführererin noch nicht entscheidungsreif und es wurde eine Einigungsfrist von drei Monaten für eine von der Bundesrepublik zu leistende Entschädigung bestimmt.

393 Vgl. EGMR, 6833/74 v. 13.06.1979 – *Marckx*, Ziff. 58.

394 *Leipold*, ZEV 2009, 488, 491.

Rechtslage. Deshalb kann nicht ohne Beachtung des nationalen Rechts auf die Zulässigkeit einer auf den Zeitpunkt der Entscheidung des EGMR zurückwirkenden Gesetzesänderung geschlossen werden. Dabei ist besonders zu beachten, dass hier eine Norm betroffen ist, die nicht lediglich das Rechtsverhältnis zwischen einer Person und dem Staat regelt, sondern das Rechtsverhältnis von verschiedenen Personen zueinander. Was bei einer Erweiterung der Rechte des Bürgers gegenüber dem Staat unproblematisch sein kann, ist nicht ohne weiteres auch bei solchen mehrpoligen Grundrechtsverhältnissen zulässig. Durch die Begünstigung des einen kann ein anderer belastet werden, wodurch eine verfassungsrechtliche Rechtfertigung erforderlich wird.

Aufschlussreich dazu ist eine jüngere Entscheidung des Bundesverfassungsgerichts, in der das Verhältnis der EMRK zum nationalen Recht vertieft behandelt wurde.[395] Anlass dafür war ein Urteil des EGMR, dass die Streichung der zehnjährigen Höchstgrenze bei einer erstmalig angeordneten Sicherungsverwahrung als konventionswidrig feststellte,[396] nachdem das Bundesverfassungsgericht die Streichung zuvor für verfassungsgemäß erklärt hatte.[397] In der nach dem Urteil des EGMR erfolgenden zweiten Entscheidung des Bundesverfassungsgerichts wurde zur Klärung des Spannungsverhältnisses die Rechtsprechung herangezogen, wonach die EMRK innerhalb der deutschen Rechtsordnung im Rang eines Bundesgesetzes unterhalb des Grundgesetzes steht.[398] Sie soll zwar unter Beachtung ihrer Auslegung durch den EGMR als Auslegungshilfe für das Grundgesetz dienen, da das Grundgesetz völkerrechtsfreundlich ist und inhaltlich auf die Menschenrechte ausgerichtet ist.[399] Allerdings darf die völkerrechtsfreundliche Auslegung nicht dazu führen, dass der Grundrechtsschutz nach dem Grundgesetz eingeschränkt wird.[400] Dies wird in mehrpoligen Grundrechtsverhältnissen relevant, „in denen das „Mehr“ an Freiheit für den einen Grundrechtsträger zugleich ein „Weniger“ für einen anderen bedeutet“.[401]

Die ursprünglichen Erben erfahren durch die rückwirkende Streichung des Art. 12 § 10 II NEhelG aF. eine Beeinträchtigung ihrer Eigentumsrechte aus der Erbfolge zugunsten der „alten“ nichtehelichen Kinder. Es werden also auf der

---

395 BVerfGE 128, 326.

396 EGMR, 19359/04 v. 17.12.2009 – M. ./. Deutschland (juris).

397 BVerfGE 109, 133.

398 BVerfGE 74, 358 Rn. 35 (juris); 111, 307 Rn. 30 (juris); 128, 326 Rn. 87 (juris).

399 BVerfGE 128, 326 Rn. 86 (juris).

400 BVerfGE 128, 326 Rn. 93 (juris).

401 BVerfGE 128, 326 Rn. 93 (juris).

einen Seite Rechte eingeschränkt, die von der Eigentumsgarantie (Art. 14 I GG) in Verbindung mit dem Vertrauensschutzprinzip (Art. 20 III GG) geschützt sind. Auf der anderen Seite werden Rechte wegen des Verfassungsauftrags zur Gleichstellung nichtehelicher Kinder (Art. 6 V GG) begründet, die ebenfalls von der Eigentumsgarantie erfasst sind. Es liegt also ein mehrpoliges Grundrechtsverhältnis vor, bei dem die Erweiterung der Rechte des einen die Einschränkung der Rechte des anderen bedeutet. Weil die EMRK im Rang unter dem Grundgesetz steht und das Urteil des EGMR die nationale Rechtslage nicht unmittelbar gestaltet, kann der Ausgleich der betroffenen Grundrechtspositionen daher nicht lediglich mit einem Verweis auf die Pflicht der Bundesrepublik zur Schaffung einer konventionskonformen Rechtslage abgetan werden. Die Beurteilung des rückdatiert in Kraft getretenen Gesetzes richtet sich also nach der nationalen Rechtslage und damit nach den Voraussetzungen zur Zulässigkeit einer echten Rückwirkung.

2. Verfassungsrechtliche Zulässigkeit der Rückwirkung

An die verfassungsrechtliche Zulässigkeit einer echten Rückwirkung sind strengere Anforderungen zu stellen als an die Zulässigkeit der bisher untersuchten Fälle der unechten Rückwirkung.[402] Sie ist grundsätzlich unzulässig.[403] Ausnahmsweise kann sie zulässig sein, wenn die Rechtsänderung durch zwingende Gründe des gemeinen Wohls geboten ist[404] oder wenn das Vertrauen der Betroffenen auf den Bestand der gesetzlichen Regelung nicht schutzwürdig ist.[405] Ob ein Vertrauen schutzwürdig ist, hängt davon ab, „ob die bisherige Regelung bei objektiver Betrachtung geeignet war, ein Vertrauen der betroffenen Personengruppe auf ihren Fortbestand zu begründen.“[406] Dies wurde in nicht abschließenden Fallgruppen vom Bundesverfassungsgericht bisher abgelehnt bei einem unredlich erworbenen Recht,[407] bei einer so unklar und verworrenen Rechtslage, dass eine Klärung durch den Gesetzgeber erwartet werden musste,[408] und bei

402 Vgl. oben C.IV., D.II, E., F.
403 Vgl. die Nachweise oben C.IV.1.a.aa.
404 BVerfGE 88, 384 Rn. 109 (juris); 98, 17 Rn. 81 (juris).
405 BVerfGE 32, 111 Rn. 40 (juris); 72, 200 Rn. 129 (juris).
406 BVerfGE 126, 369 Rn. 75 (juris); vgl. auch BVerfGE 32, 111 Rn. 40 (juris).
407 BVerfGE 101, 239 Rn. 100 ff (juris).
408 BVerfGE 13, 261 Rn. 53 (juris); 30, 367 Rn. 78 (juris); 88, 384 Rn. 109 (juris); 98, 17 Rn. 81 (juris).

einer Rechtsprechung, auf die das beeinträchtigte Recht gestützt wurde, die noch nicht als ständige Rechtsprechung anerkannt war.[409]

Diese Ausnahmen sind bei Berücksichtigung der Umstände im Fall des ErbGleichG-II nicht zu bejahen. Das Bundesverfassungsgericht bestätigte mehrfach die Verfassungsmäßigkeit des Art. 12 § 10 II NEhelG aF.[410] Auch in den Gesetzgebungsverfahren zum (ersten) ErbGleichG sowie zum Gesetz zur weiteren Verbesserung von Kinderrechten (KinderrechtsverbesserungsG), in denen jeweils eine Streichung des Art. 12 § 10 II NEhelG aF. aus Gründen der Gleichbehandlung angeregt worden war, wurde die Übergangsregelung aufrechterhalten.[411] Der Rechtsausschuss des Bundestages ging in seiner Beschlussempfehlung zum Entwurf des KinderrechtsverbesserungsG sogar von Folgendem aus: „Der Gesetzgeber hat sich bei der Wiedervereinigung und zuletzt 1997 im Rahmen des Gesetzgebungsverfahrens zum Erbrechtgleichstellungsgesetz gegen die Aufhebung der Stichtagsregelung entschieden. Damit wurde ein Vertrauenstatbestand geschaffen."[412] Ob dadurch ein „Vertrauenstatbestand" für den Bestand der Regelung *in der Zukunft* geschaffen wurde, ist zweifelhaft. Nur weil eine Regelung verfassungsgemäß ist und bei Reformen nicht geändert wird, ist eine künftige Änderung mit Wirkung für die Zukunft nicht ausgeschlossen. Allerdings wurde tatsächlich ein Vertrauen dahingehend begründet, dass an der Verfassungsmäßigkeit und Wirksamkeit der *geltenden* Regelung nicht gezweifelt werden musste.

Das Vertrauen auf die Geltung der Regelung beurteilt sich auch nicht anders, wenn man entgegen der Auffassung des Bundesverfassungsgerichts von einer Verfassungswidrigkeit des Art. 12 § 10 II NEhelG aF. ab der Rechtslage nach dem Beitritt der neuen Bundesänder, spätestens aber ab dem Inkrafttreten des ErbGleichG am 01.04.1998 ausgeht. Wie oben dargestellt, war Art. 12 § 10 II NEhelG aF. nicht auf „alte" nichteheliche Kinder anzuwenden, die nach dem ZGB eine Aussicht auf eine erbrechtliche Beteiligung nach dem Vater hatten.[413] Die von Art. 12 § 10 II NEhelG aF. betroffenen Kinder waren also nicht nur gegenüber den ehelichen und „jüngeren" nichtehelichen Kindern benachteiligt, sondern auch gegenüber „alten" nichtehelichen Kindern mit Beitrittsprivileg. Ein sachlicher Grund für die Benachteiligung ist nicht ersichtlich. Die entgegen Art. 6 V GG erfolgende Schlechterstellung ist auch nicht mehr in Anbetracht einer Übergangszeit zur

409 BVerfGE 126, 369 Rn. 75 ff (juris).

410 Vgl. oben G.I.

411 Vgl. BRDrs. 891/1/95 S. 2 f und BTDrs. 14/8131 S. 7.

412 BTDrs. 14/8131 S. 7.

413 Vgl. oben G.

Angleichung der Verhältnisse zu rechtfertigen. Im Zuge der Gesetzesänderungen zum Beitritt hätte ohne weiteres allen „alten“ nichtehelichen Kindern das gleiche Recht eingeräumt werden können. Spätestens mit dem Inkrafttreten des ErbGleichG am 01.04.1998 kam außerdem zum Ausdruck, dass nicht mehr zwischen ehelichen und nichtehelichen Kindern zu unterscheiden war.[414] Selbst wenn eine gewisse Übergangszeit zur Angleichung des einfachen Rechts im Rahmen des Art. 6 V GG hinzunehmen ist, blieben seit dem Inkrafttreten des Grundgesetzes am 23.05.1949 bis zum Beitritt der DDR über 40 Jahre und bis zum Inkrafttreten des (ersten) ErbGleichG knapp 50 Jahre zur Beseitigung aller erbrechtlichen Benachteiligungen. Werden nach einer derart langen Zeit die erbrechtlichen Normen für die übrigen ehelichen und nichtehelichen Kinder angeglichen, ist die dem Gesetzgeber zugestandene Übergangszeit verstrichen. Eine Übergangsregelung, die weiterhin eine schwerwiegende Benachteiligung bestimmter nichtehelicher Kinder anordnet, ist ab diesem Zeitpunkt deshalb unverhältnismäßig. Wie der EGMR darlegt, bestanden auch keine praktischen und verfahrensmäßigen Schwierigkeiten mehr, eine Vaterschaft durch DNA-Untersuchung nachzuweisen.[415]

Durch die Aufhebung der Übergangsregelung im Zuge der Rechtsänderungen zum Beitritt oder zum ErbGleichG (für die Zukunft) wäre zudem keine unverhältnismäßige Einschränkung der Rechte des Erblassers und der Erb- und Pflichtteilsprätendenten eingetreten. Bis zum Erbfall sind die Erb- und Pflichtteilsprätendenten nicht davor geschützt, dass weitere Personen erbberechtigt oder pflichtteilsberechtigt werden.[416] Selbst bei einer bindenden Erbeinsetzung ist eine Belastung der Erben durch ein Hinzutreten neuer Pflichtteilsberechtigter nicht auszuschließen.[417] Aus dem gleichen Grund ist das Vertrauen des Pflichtteilsprätendenten auf eine *bestimmte Quote* des Pflichtteils vor dem Erbfall nicht schutzwürdig.

Aus der Sicht des Erblassers ist festzustellen, dass er durch das Entstehen des gesetzlichen Erbrechts des „alten“ nichtehelichen Kindes nicht beeinträchtigt wird, da er die Möglichkeit der Enterbung hat. Das nachträglich eingeführte Pflichtteilsrecht des Kindes schränkt zwar seine Testierfreiheit ein, dies ist aber aus Gründen der Gleichbehandlung nach Art. 6 V GG geboten und gerechtfertigt.

Es sprechen also gute Gründe für eine Verfassungswidrigkeit des Art. 12 § 10 II NEhelG aF. ab dem Beitritt der DDR, spätestens ab dem Inkrafttreten des (ersten)

---

414 Vgl. EGMR, 3545/04 v. 28.05.2009 – Brauer ./. Deutschland, Rn. 72 ff (juris).

415 EGMR, 3545/04 v. 28.05.2009 – Brauer ./. Deutschland, Rn. 74 (juris).

416 Vgl. auch oben B.I.

417 Vgl. oben F.I.

ErbGleichG. Dennoch kann dies nicht gegen die Schutzwürdigkeit des Vertrauens herangezogen werden. Wie gesehen wurde die Verfassungsmäßigkeit der Regelung mehrfach vom Bundesverfassungsgericht bestätigt,[418] ausdrücklich zuletzt am 20.11.2003[419] und indirekt nochmals am 08.01.2009.[420] Da (nicht überholte) Entscheidungen des Bundesverfassungsgerichts für die Rechtslage maßgeblich sind und Gesetzeskraft haben (§ 31 BVerfGG), würde es gerade gegen das Vertrauensschutzprinzip verstoßen, wenn dennoch Zweifel an der Gültigkeit einer Regelung gehegt werden müssten.

Das Vertrauen auf den Bestand einer gesetzlichen Regelung ist nach der Rechtsprechung des Bundesverfassungsgerichts außerdem nicht mehr schutzwürdig, wenn mit einer rückwirkenden Änderung der Rechtslage gerechnet werden musste.[421] Das ist regelmäßig ab dem Tag des Gesetzesbeschlusses im Bundestag der Fall, aber noch nicht ab dem Bekanntwerden von Gesetzesinitiativen oder der öffentlichen Berichterstattung über die Vorbereitung einer Neuregelung.[422] Abweichend davon sah das Bundesverfassungsgericht in einem Fall die Schutzwürdigkeit des Vertrauens als entfallen an, nachdem ein Vertrag zwischen Österreich und Deutschland geschlossen worden war; danach war eine Entschädigung für Verfolgungsschäden in Vertreibungsgebieten nur von dem Land zu tragen, mit dem der Geschädigte in engerer Verbindung stand.[423] In einem anderen Fall hingegen, in dem die Bundesrepublik und die Schweiz im Jahr 1957 in einem Zusatzprotokoll einen steuerrechtlichen Progressionsvorbehalt vereinbarten, der 1959 vom nationalen Gesetzgeber beschlossen wurde und rückwirkend zum Jahr 1957 in Kraft trat, wurde die Rückwirkung vom Bundesverfassungsgericht als unzulässig angesehen.[424] Ein Steuerpflichtiger musste trotz dieser Vereinbarung vor dem Gesetzesbeschluss noch nicht mit einer rückwirkenden Regelung rechnen.

Aus den Entscheidungen lässt sich der Grundsatz herleiten, dass regelmäßig erst mit dem Gesetzesbeschluss ein Vertrauensschutz entfällt, dies unter besonderen

418 Vgl. oben G.

419 BVerfG, 1 BvR 2257/03 v. 20.11.2003 (juris).

420 BVerfG, 1 BvR 755/08, v. 08.01.2009 (juris).

421 BVerfGE 30, 272 Rn. 48 (juris); 37, 363 Rn. 109 (juris); 72, 200 Rn. 135 ff (juris); 88, 384 Rn. 109 (juris); 101, 239 Rn. 102 (juris); vgl. auch BVerfGE 126, 369 Rn. 75 (juris).

422 BVerfGE 30, 272 Rn. 50; 72, 200 Rn. 135, 136 (juris).

423 BVerfGE 32, 111 Rn. 41 (juris).

424 BVerfGE 30, 272 Rn. 50 (juris): „Das Vertrauen des Bürgers in den Bestand des geltenden Rechts ist erst von dem Zeitpunkt ab nicht mehr schutzwürdig, in dem der Bundestag ein in die Vergangenheit zurückwirkendes Gesetz beschlossen hat".

Umständen aber auch schon vorher der Fall sein kann. Es kommt also darauf an, ob das Urteil des EGMR vom 28.05.2009 einen solchen besonderen Umstand darstellt. Da nach dem Urteil die alte Rechtslage zunächst unverändert weitergalt,[425] ist erforderlich, dass nicht bloß mit einer Änderung der Rechtslage an sich gerechnet werden musste, sondern mit einer *auf den Zeitpunkt des Urteils rückwirkenden Änderung*.

Trotz des Urteils des EGMR war aber nicht absehbar, welchen Inhalt eine Neuregelung haben würde. In dem Urteil stellte der EGMR entscheidend darauf ab, dass zwischen der „alten" nichtehelichen Tochter und dem Erblasser eine enge persönliche Bindung bestand.[426] Daraus wurde auf ein Familienleben im Sinne von Art. 8 EMRK und damit auf die Konventionswidrigkeit des Art. 12 § 10 II NEhelG aF. geschlossen.[427] Es wäre deshalb auch eine Neuregelung denkbar gewesen, die nur die Mindestanforderungen der Entscheidung umsetzt. Dies hätte beispielsweise durch einen Ausnahmetatbestand zu Art. 12 § 10 II NEhelG aF. erfolgen können, der bei enger persönlicher Bindung zwischen dem nichtehelichen Kind und dem Erblasser greift. Mangels konkreter Vorgaben war bis zum Beschluss des ErbGleichG-II im Bundestag daher nicht absehbar, mit was für einer Neuregelung zu rechnen war.

Selbst der Regierungsentwurf eines Gesetzes, der bereits gewisse Schlüsse auf die künftige Rechtslage zulässt, reichte in der bisherigen Rechtsprechung des Bundesverfassungsgerichts nicht für ein Entfallen des Vertrauensschutzes aus. So konkret wie ein Regierungsentwurf waren die Vorgaben des Urteils des EGMR aber nicht. Deshalb musste aufgrund des Urteils nicht mit einer auf den Zeitpunkt der Entscheidung rückwirkenden Änderung der Rechtslage gerechnet werden.

Ein anderes Ergebnis in dieser Frage hätte zur Folge, dass die *gegenwärtig geltende* Rechtslage für den Betroffenen nicht verlässlich gewesen wäre. Er hätte sich in der Zeit von dem Urteil bis zum Beschluss des Gesetzes weder auf das geltende Recht verlassen können, noch hätte er gewusst, wie die rückwirkende Neuregelung in der Zukunft ausgestaltet sein wird.[428] Ein Betroffener hätte stets befürchten müssen, sein gegenwärtiges Verhalten könnte sich aufgrund der Rechtsänderung später als nachteilig erweisen. Beispielsweise hätten die ursprünglichen Erben nicht beurteilen können, ob Verfügungen über Nachlassgegenstände

425 Vgl. oben G.I.1.

426 EGMR, 3545/04 v. 28.05.2009 – Brauer/Deutschland, Z. 56 ff (juris).

427 EGMR, 3545/04 v. 28.05.2009 – Brauer/Deutschland, Z. 56 ff (juris).

428 Vgl. dazu, dass eine solche Situation verfassungsrechtlich nicht hinzunehmen sein kann, ebenso *Maurer*, Handbuch des Staatsrechts III, 1. Aufl., S. 230 f.

wirksam bleiben oder ob die Erbauseinandersetzung Bestand hat. Im Fall des ErbGleichG-II hätte eine solche Unsicherheit in dem Zeitraum vom 28.05.2009 bis zum Beschluss des Gesetzes am 12.04.2011 für annähernd zwei Jahre bestanden. Das ist eine unverhältnismäßige Einschränkung des Vertrauensschutzprinzips.

Dies gilt umso mehr in den Fällen, in denen die Neuregelung eine Durchbrechung der Rechtskraft von Urteilen aus der Zeit zwischen dem 29.05.2009 und dem 15.04.2011 anordnet. Selbst im Fall der Nichtigerklärung eines Gesetzes durch das Bundesverfassungsgericht bleiben bereits rechtskräftige Urteile aus Gründen der Rechtssicherheit bestehen (§ 79 II BVerfGG).[429]

Die Verpflichtung der Bundesrepublik zur Änderung der Rechtslage gemäß Art. 46 EMRK ist bei der Bewertung des Vertrauensschutzes also lediglich mit der Ankündigung eines Gesetzgebungsvorhabens vergleichbar und rechtfertigt deshalb nicht die echte Rückwirkung der Neuregelung.

II. Ergebnis und Rechtsfolgen

Art. 5 S. 2 ErbGleichG-II, der die Streichung des Art. 12 § 10 II NEhelG aF. durch Art. 1 Nr. 2 ErbGleichG-II rückwirkend zum 29.05.2009 bestimmt, führt zu einer unzulässigen echten Rückwirkung. Die Begründung eines gesetzlichen Erbrechts oder Pflichtteilsrechts für „alte" nichteheliche Kinder des Erblassers bei Erbfällen ab dem 29.05.2009 bis zum 15.04.2011 ist also verfassungswidrig. Dies gilt auch für die Durchbrechung der Rechtskraft von auf Art. 12 § 10 II NEhelG aF. beruhenden gerichtlichen Entscheidungen aus der Zeit zwischen dem 29.05.2009 und 15.04.2011 gemäß Art. 1 Nr. 4 ErbGleichG-II.

Die Verfassungsmäßigkeit des Art. 1 Nr. 2 ErbGleichG-II an sich, und damit die Streichung des Art. 12 § 10 II NEhelG aF. für die Zeit nach der Verkündung des ErbGleichG-II, ist davon aber nicht betroffen, da die Rückwirkung allein durch die Übergangsregelung verursacht wird. Die Begründung eines gesetzlichen Erbrechts oder Pflichtteilsrechts für „alte" nichteheliche Kinder des Erblassers nach der Verkündung des Gesetzes am 15.04.2011 ist also verfassungsgemäß.

Wenn die Nichtigkeit des Art. 5 S. 2 ErbGleichG-II (Regelung zum rückdatierten Inkrafttreten) durch das Bundesverfassungsgericht festgestellt werden sollte, bestimmt sich das Inkrafttreten der in Art. 5 S. 2 ErbGleichG-II aufgeführten Regelungen stattdessen nach Art. 5 S. 1 ErbGleichG-II. Danach tritt das

429 Ausgenommen davon sind Strafurteile, die auf der verfassungswidrigen Regelung beruhen.

Gesetz am Tag nach der Verkündung in Kraft. Es ist anzunehmen, dass der Gesetzgeber bei der Kenntnis von der Nichtigkeit das ganze Gesetz entsprechend dieser allgemeinen Einführungsregelung zum Tag nach der Verkündung hätte in Kraft treten lassen.[430] Auf die Auffangregelung des Art. 82 II 2 GG muss daher nicht zurückgegriffen werden.

Außerdem ist nachdrücklich zu empfehlen, die Entschädigungspflicht der Bundesrepublik Deutschland gegenüber den von Art. 12 § 10 II NEhelG aF. benachteiligten „alten" nichtehelichen Kindern und ihrer Abkömmlinge für Erbfälle im Zeitraum vom 29.05.2009 bis zum 15.04.2011 gesetzlich zu regeln. Den Betroffenen ist es nicht zuzumuten, erst den innerstaatlichen Rechtsweg zu erschöpfen, um eine Entschädigung vor dem EGMR wegen der konventionswidrigen Rechtslage zu beanspruchen.

430 Deshalb stellt sich nicht die Frage, ob das Gesetz stattdessen (zulässig) zum Zeitpunkt des Beschlusses im Bundestag am 12.04.2011 in Kraft tritt.

H. Schlussfolgerung und Zusammenfassung der Ergebnisse

Bei Gesetzesänderungen im Erbrecht ist der Erbfall nach dem Stichtagsprinzip grundsätzlich ein praktikabler Anknüpfungspunkt für die Anwendung der Neuregelungen. Wie die untersuchten Fälle zeigen, kann das Stichtagsprinzip aber zu (in der Regel unechten) Rückwirkungen führen, wenn dadurch Rechtsgeschäfte aus der Zeit vor der Verkündung des Änderungsgesetzes erfasst werden und eine ab dem Erbfall wirkende andere Rechtsfolge erhalten.[431] Auch die Begründung neuer Rechtsfolgen für in der Zeit vor der Verkündung der Gesetzesänderung liegende Rechtsgeschäfte, die ursprünglich keinen erbrechtlichen Bezug hatten, führt zu Rückwirkungen.[432] Die Zulässigkeit solcher Rückwirkungen hängt davon ab, ob das materielle Erbrecht subjektive Rechte oder gesicherte Aussichten begründet, die verfassungsrechtlich geschützt sind und durch die Neuregelung beeinträchtigt werden.[433] Ist das der Fall, wird ein Vertrauen gegen rückwirkende Gesetzesänderungen begründet, das mit dem Interesse der Allgemeinheit an der Rückwirkung abzuwägen ist.[434] Da das Erbrecht gleichgewichtige private Interessen regelt, ist ein besonderes, gerade an der Rückwirkung bestehendes Allgemeininteresse in der Regel nicht zu begründen.[435] Dann ist das Vertrauen der Betroffenen auf das geltende Recht schutzwürdig. Zur Vermeidung einer verfassungsrechtlich unzulässigen Rückwirkung ist in diesen Fällen eine Übergangsregelung erforderlich, die eine Ausnahme vom Stichtagsprinzip vorsieht.

Wird die Anwendung einer Neuregelung hingegen auf vor der Verkündung des Änderungsgesetzes liegende bereits eingetretene Erbfälle erstreckt, liegt darin eine echte Rückwirkung, die grundsätzlich unzulässig ist.[436]

Rechtsstellung des Pflichtteilsberechtigten vor dem Erbfall

Vor dem Erbfall begründet das Pflichtteilsrecht kein subjektives Recht oder Anwartschaftsrecht. Die Aussicht des zukünftig Berechtigten vor dem Erbfall ist

431 Vgl. oben F.I., F.II., E.

432 Vgl. oben C.IV., D.II.

433 Vgl. oben B., C.IV., D.II., F.II. einerseits und E., F.I. andererseits.

434 Vgl. oben C.IV.1.b.

435 Vgl. oben C.IV.1.b.dd., D.II., F.II.1., G.I.1.

436 Vgl. oben G.I.

so beschaffen, dass der Erblasser gegen den Willen des Pflichtteilsberechtigten grundsätzlich nicht den späteren Erwerb oder den Umfang der sich aus dem *objektiven* Pflichtteilsrecht ergebenden *subjektiven* Rechte verhindern oder beeinträchtigen kann. Damit besteht vor dem Erbfall eine rechtlich gesicherte Aussicht.[437]

Anrechnung von Zuwendungen auf den Pflichtteil (§ 2315 BGB)
Die Annahme einer auf den Pflichtteil anzurechnenden Zuwendung (§ 2315 BGB) ist eine Verfügung über den künftigen Pflichtteilsanspruch. Deshalb stellt die Annahme der anzurechnenden Zuwendung einen Rechtsnachteil dar und kann nicht durch einen beschränkt Geschäftsfähigen vorgenommen werden. Wegen des Rechtsnachteils können die Eltern das beschränkt geschäftsfähige oder geschäftsunfähige Kind bei der Annahme der anzurechnenden Zuwendung auch nicht durch Insichgeschäft vertreten (§§ 1629 II 1, 1795 II, 181 BGB).[438]

Die Auffassung, nach der *de lege lata* die Annahme einer Zuwendung unter Anrechnungsbestimmung als lediglich rechtlich vorteilhaft zu bewerten ist, ermöglicht eine Entziehung des Pflichtteilsanspruchs des Minderjährigen. Sie bringt die gegenüberstehenden Grundrechtspositionen nicht zu einem angemessenen Ausgleich und ist deshalb als verfassungswidrige Auslegung des materiellen Rechts abzulehnen.[439]

Im Entwurf eines Gesetzes zur Änderung des Erb- und Verjährungsrechts der Bundesregierung vom 30.01.2008, der nicht Gesetz geworden ist, wurde die Problematik des Minderjährigenrechts bei der nachträglichen Anordnung der Anrechnung (§ 2315 I BGB-RegE) nicht erkannt. Allein wegen der Möglichkeit der nachträglichen Anrechnung auf den Pflichtteil wäre jede Zuwendung des Erblassers an sein minderjähriges Kind nicht lediglich rechtlich vorteilhaft iSd. § 107 BGB und damit schwebend unwirksam (§ 108 I BGB) gewesen, auch wenn die Bestimmung der Anrechnung zum Zeitpunkt der Zuwendung noch nicht erklärt worden wäre.[440]

§ 2315 I BGB-RegE in Verbindung mit Art. 229 § 17 V EGBGB-RegE nach dem Entwurf eines Gesetzes zur Änderung des Erb- und Verjährungsrechts der Bundesregierung vom 30.01.2008 hätte durch die Gestattung der Anrechnung von Zuwendungen aus der Zeit vor dem Inkrafttreten des Änderungsgesetzes zu einer unechten Rückwirkung geführt. Diese Rückwirkung wäre unzulässig und damit

437 Vgl. oben B.II.1.
438 Vgl. oben C.I.4.a.bb.bbb und C.I.4.b.
439 Vgl. oben C.I.4.b.
440 Vgl. oben C.II. und C.III.

verfassungswidrig gewesen, da die nachträgliche Anrechnung von Altzuwendungen das vom Gewährleistungsbereich der Erbrechtsgarantie (Art. 14 I 1 GG) umfasste Pflichtteilsrecht durch Verletzung der Prinzipien des Vertrauensschutzes (Art. 20 III GG) unverhältnismäßig eingeschränkt hätte.[441]

Die Übergangsregelung gemäß Art. 229 § 17 V EGBGB-RegE hätte iVm. § 2315 I BGB-RegE außerdem dazu geführt, dass die nachträgliche Anrechnung von an Minderjährige in der Zeit vor dem Inkrafttreten der Gesetzesänderung erfolgte Zuwendungen möglich gewesen wäre, obwohl dies jeweils unter der Geltung *nur* des alten oder *nur* des neuen Rechts nicht wirksam gewesen wäre. Diese übergangsrechtliche Folge hätte durch Umgehung des Minderjährigenrechts mittels unechter Rückwirkung zu einer unverhältnismäßigen Einschränkung des Pflichtteilsrechts geführt.[442]

Um bei zukünftigen Gesetzesänderungen eine unzulässige Rückwirkung zu vermeiden, ist eine Übergangsregelung vorzusehen, die die nachträgliche Anrechnung von Zuwendungen aus der Zeit vor der Verkündung (bzw. Beschluss) des Gesetzes verbietet.[443] Außerdem ist die nachträgliche Anrechnungsanordnung generell nur für Zuwendungen zu erlauben, die einem zum Zeitpunkt der Zuwendung voll Geschäftsfähigen gemacht wurden.[444]

<u>Ausgleichung von Zuwendungen (§§ 2050 ff, 2316 BGB)</u>

Die im Schrifttum herrschende Auffassung zur Rechtsnatur der Ausgleichung (§§ 2050 ff, 2316 BGB), welche die Ausgleichungsberechtigung und die Ausgleichungspflicht als Anspruch und Schuld versteht, ist abzulehnen.[445] Richtiger Weise bewirkt die Ausgleichung, dass der künftige Anspruch auf Verteilung des Überschusses bei der Erbauseinandersetzung gemäß § 2047 I BGB[446] und der künftige Pflichtteilsanspruch inhaltlich geändert werden.[447] Es besteht deshalb keinerlei schuldrechtliches Verhältnis.

Die Annahme einer Zuwendung unter Ausgleichungsanordnung (§ 2050 III BGB) bewirkt als Verfügung über den künftigen Pflichtteilsanspruch durch Inhaltsänderung einen Rechtsnachteil. Aufgrund des typischerweise ganz unerheblichen

441 Vgl. oben C.IV.2.
442 Vgl. oben C.IV.1.b.cc.
443 Vgl. oben C.IV.2.
444 Vgl. oben C.III.
445 Vgl. oben D.I.1.c.
446 Vgl. oben D.I.1.d.
447 Vgl. oben D.I.1.e.

Gefährdungspotentials ist dieser Rechtsnachteil aber vom Anwendungsbereich der §§ 107, 181 BGB auszuklammern.[448]

Wegen dieser Ausnahme hätte die nachträgliche Anordnung der Ausgleichung gemäß § 2050 IV BGB-RegE iVm. Art. 22 § 17 V EGBGB-RegE nach dem Entwurf eines Gesetzes zur Änderung des Erb- und Verjährungsrechts der Bundesregierung vom 30.01.2008, der nicht Gesetz geworden ist, das von der Erbrechtsgarantie (Art. 14 I 1 GG) gewährleistete Pflichtteilsrecht nicht unverhältnismäßig eingeschränkt, obwohl auch Zuwendungen erfasst gewesen wären, die einem minderjährigen Kind (gegebenenfalls durch Insichgeschäft) gemacht wurden.

Die nachträgliche Anordnung der Ausgleichung von Zuwendungen aus der Zeit vor der Gesetzesänderung (§ 2050 IV BGB-RegE iVm. Art. 22 § 17 V EGBGB-RegE) hätte mittels unechter Rückwirkung gleichwohl das vom Gewährleistungsbereich der Erbrechtsgarantie (Art. 14 I 1 GG) umfasste Pflichtteilsrecht in Verbindung mit dem Vertrauensschutzprinzip (Art. 20 III GG) unverhältnismäßig eingeschränkt und wäre insoweit verfassungswidrig gewesen.[449]

Um *de lege ferenda* eine solche unzulässige Rückwirkung zu verhindern, ist eine Übergangsregelung vorzusehen, die Zuwendungen aus der Zeit vor der Verkündung des Änderungsgesetzes von der nachträglichen Anordnung der Ausgleichung *hinsichtlich des Pflichtteilsrechts* (§ 2316 BGB) ausschließt.[450]

Außerdem ist bei einer Gesetzesänderung § 2316 III BGB anzupassen, da die nachträgliche Aufhebung einer Ausgleichungsanordnung sonst nicht möglich ist.[451] Eine Gesetzesänderung nur im Bereich der Erbfolge gemäß §§ 2050 ff BGB, so wie es der Entwurf der Bundesregierung eines Gesetzes zur Änderung des Erb- und Verjährungsrechts vom 30.01.2008 vorsah, ist deshalb nur eingeschränkt geeignet. Insbesondere ist die nachträgliche Anordnung der Ausgleichung von Zuwendungen mit Wirkung für die *Erbfolge* bereits nach gegenwärtiger Rechtslage möglich.[452]

Die Abschmelzungsregelung der Pflichtteilsergänzung (§ 2325 III BGB)

§ 2325 III 1 BGB iVm. Art. 229 § 23 IV EGBGB, eingeführt durch Art. 1 Nr. 19, Art. 2 Gesetz zur Änderung des Erb- und Verjährungsrechts vom 24. September 2009, führt durch Verringerung des Pflichtteilsergänzungsanspruchs

448 Vgl. oben D.I.2.b.
449 Vgl. oben D.II.
450 Vgl. oben D.III.
451 Vgl. oben D.
452 Vgl. oben D.

bei vor der Verkündung des Änderungsgesetzes vorgenommenen ergänzungserheblichen Schenkungen zu einer unechten Rückwirkung. Da nach alter Rechtslage aber nicht rechtlich sicher war, ob der Pflichtteilsergänzungsanspruch innerhalb der zehnjährigen Ausschlussfrist entstehen wird, liegt darin keine Beeinträchtigung von Rechten des Pflichtteilsberechtigten. Sein Vertrauen auf die Geltung der alten Gesetzeslage ist aus diesem Grund nicht schutzwürdig. Die unechte Rückwirkung der Neuregelung ist deshalb zulässig.[453]

Die Erweiterung des Zuwendungsverzichts, §§ 2349, 2352 S. 3 BGB

Mit dem Gesetz zur Änderung des Erb- und Verjährungsrechts vom 24.09.2009 wurde die Wirkung des Zuwendungsverzichts des Schlusserben gemäß § 2349 BGB auf den Ersatzschlusserben erstreckt. Aufgrund des Überleitungsrechts (Art. 229 § 23 IV EGBGB) werden ebenfalls Ersatzschlusserbeinsetzungen in Erbverträgen oder gemeinschaftlichen Testamenten erfasst, die bereits vor dem Inkrafttreten des Erbrechtsänderungsgesetzes am 01.01.2010 bindend waren. Da die Bindung an ein gemeinschaftliches Testament oder einen Erbvertrag der Ausübung der Testierfreiheit des vorversterbenden Ehegatten bzw. Erbvertragspartners dient, führt dies zu einer unzulässigen Einschränkung der Testierfreiheit des vorverstorbenen Ehegatten bzw. Erbvertragspartners. Da dies auf einer unbeabsichtigten Regelungslücke des Übergangsrechts beruht, ist diese durch Analogie zu Art. 214 II EGBGB und Art. 235 § 2 S. 2 EGBGB zu schließen. Dann erstrecken sich Zuwendungsverzichte nicht gemäß § 2349 BGB auf vor dem 01.01.2010 bindend gewordene Ersatzschlusserbeinsetzungen. Insoweit bleibt das vor dem 01.01.2010 geltende Recht maßgebend.[454]

Zuwendungsverzichtsverträge aus der Zeit vor dem Inkrafttreten des Erbrechtsänderungsgesetzes am 01.01.2010 sind regelmäßig so auszulegen, dass eine Erstreckung auf die Abkömmlinge gemäß letzter Halbsatz § 2349 BGB ausgeschlossen ist.[455]

Vor dem Erbfall stehen dem bindend eingesetzten *Ersatzschlusserben* auch nach Wegfall des Schlusserben keine subjektiven Rechte oder Anwartschaftsrechte aus der Erbeinsetzung zu.[456] Eine rechtlich gesicherte Aussicht der Ersatzschlussberufung besteht aufgrund der Möglichkeit der Erblasseranfechtung ebenfalls nicht.[457]

---

453 Vgl. oben E.III.
454 Vgl. oben F.II. und III.
455 Vgl. oben F.I.
456 Vgl. oben F.I.
457 Vgl. oben F.I.

Aus diesen Gründen verletzt die unecht rückwirkende Erweiterung des Zuwendungsverzichts den Ersatzschlusserben nicht in seinen Rechten.[458]

Die rückwirkende Streichung des Art. 12 § 10 II NEhelG durch das ErbGleichG-II

Nach der bis zum 15.04.2011 geltenden Gesetzeslage hatten vor dem 01.07.1949 geborene nichteheliche Kinder (ohne DDR-Bezug) kein gesetzliches Erbrecht oder Pflichtteilsrecht nach dem Vater. Das am 12.04.2011 im Bundestag beschlossene Zweite Gesetz zur erbrechtlichen Gleichstellung nichtehelicher Kinder, zur Änderung der Zivilprozessordnung und der Abgabenordnung vom 12.04.2011 (ErbGleichG-II) strich die durch Art. 12 § 10 II NEhelG aF. begründete Benachteiligung zum 29.05.2009. Dies galt ausdrücklich auch für bereits eingetretene Erbfälle und rechtskräftige Gerichtsentscheidungen. Für den Zeitraum zwischen dem 29.05.2009 und 15.04.2011 führt dies zu einer unzulässigen echten Rückwirkung, da das Vertrauen der ursprünglichen Erben und Pflichtteilsberechtigten auf ihre Rechtsstellung schutzwürdig ist.[459] Es musste trotz des Urteils des EGMR vom 28.05.2009 nicht mit einer zum 29.05.2009 rückwirkend inkrafttretenden Neuregelung gerechnet werden. Wegen unzulässiger echter Rückwirkung ist die Übergangsregelung gemäß Art. 5 S. 2 ErbGleichG-II deshalb verfassungswidrig.[460]

Für die durch Art. 12 § 10 II NEhelG aF. konventionswidrig benachteiligten nichtehelichen Kinder und ihre Abkömmlinge ist vom Gesetzgeber eine Regelung zu schaffen, die bei Erbfällen im Zeitraum zwischen dem 29.05.2009 und 15.04.2011 eine Entschädigung durch die Bundesrepublik Deutschland vorsieht.[461]

---

458 Vgl. oben F.I. und F.I.2.
459 Vgl. oben G.I.2.
460 Vgl. oben G.II.
461 Vgl. oben G.II.

I. Literaturverzeichnis

Alternativkommentar-BGB	Kommentar zum Bürgerlichen Gesetzbuch Band 1, 1987
AnwK	Anwaltkommentar zum Bürgerlichen Gesetzbuch Band 5, 2. Aufl., 2007
Bamberger/Roth	Kommentar zum Bürgerlichen Gesetzbuch Band 3, §§ 1297–2385, 2. Aufl., 2008
Baumann, Wolfgang	Zur Bindungswirkung wechselbezüglicher Verfügungen bei gem. § 2069 BGB ermittelten Ersatzerben, ZEV 1994, 351–353
Binder, Julius	Die Rechtsstellung des Erben III. Teil, 1905
–	Erbrecht, 1923
Brox, Hans/Walker, Wolf-Dietrich	Erbrecht, 23. Aufl., 2009
–	Allgemeiner Teil des BGB, 33. Aufl., 2009
Damrau, Jürgen	Der Minderjährige im Erbrecht, 2. Aufl., 2010
–	Praxiskommentar Erbrecht, 1. Aufl., 2004
Dauner-Lieb, Barbara	Bedarf es einer Reform des Pfichtteilsrechts?, DNotZ 2001, 460–465
Dörner, Heinrich	Das Erbrecht als subjektives Recht, FS Ferid, 1988, S. 57–78
Dreier	Kommentar zum Grundgesetz Art. 20–82, 2. Aufl., 2006
Eberl-Borges, Christina	Die Erbauseinandersetzung, 2000
Erman	Kommentar zum Bürgerlichen Gesetzbuch Band 2, §§ 759–2385, 12. Aufl., 2008
Esser, Josef/Schmidt, Eike	Schuldrecht Allgemeiner Teil, 6. Aufl., 1984

Everts, Arne	Die Erstreckungswirkung beim Zuwendungsverzicht: Ein Fortschritt und (fast) ein Glücksgriff des Gesetzgebers!, ZEV 2010, 392–397
–	Pflichtteilsklauseln in Überlassungsverträgen mit minderjährigen Erwerbern, Rpfleger 2005, 180–181
Fembacher, Tobias	Grundstücksüberlassung an Minderjährige und Pflichtteilsanrechnung, MittBayNot 2004, 24–26
Flume, Werner	Allgemeiner Teil des Bürgerlichen Rechts Band 2, Das Rechtsgeschäft, 4. Aufl., 1992
Frischknecht, Manfred	Bringt eine Ausstattung lediglich einen rechtlichen Vorteil?, BWNotZ 1969, 269–270
Frowein, Jochen/Peukert, Wolfgang	EMRK-Kommentar, 3. Aufl., 2009
Göller, Frank	Anwartschaften im Erbrecht, 1964
Harder, Manfred	Nochmals: Die Erfüllungsannahme durch den Minderjährigen – lediglich ein rechtlicher Vorteil?, JuS 1978, 84–86
Hess, Burkhard	Intertemporales Privatrecht, 1998
Isensee, Josef/Kirchhof, Paul	Handbuch des Staatsrechts, Band 3, 1. Aufl., 1988
Kanzleiter, Rainer	Die Erstreckung der Wirkungen des Zuwendungsverzichts auf die Abkömmlinge des Verzichtenden – ein Missgriff des Gesetzgebers!, DNotZ 2009, 805–814
Kasper, Martin Alexander	Anrechnung und Ausgleichung im Pflichtteilsrecht, 1999
Karpenstein, Ulrich/Mayer, Franz	EMRK-Kommentar, 1. Aufl., 2012
Keim, Christopher	Anmerkung zu OLG Nürnberg, Beschluss vom 05.10.2004, 2U 2279/04, ZEV 2006, 363–364

– Anmerkung zu BGH, Beschluss vom 16.01.2002–IV ZB 20/01, ZEV 2002, 437 ff

– Die Reform des Erb- und Verjährungsrechts und ihre Auswirkungen auf die Gestaltungspraxis, ZEV 2008, 161–169

Kipp, Theodor/Coing, Helmut Lehrbuch des Bürgerlichen Rechts Band 5, Erbrecht, 13. Aufl., 1978

KK-Erbrecht Kompaktkommentar Erbrecht, 2. Aufl., 2007

Klein, Friedrich/Barbey, Günther Bundesverfassungsgericht und die Rückwirkung von Gesetzen, 1964

Klinck, Fabian Der Zuwendungsverzicht zulasten Dritter: Fortschritt durch das Gesetz zur Änderung des Erb- und Verjährungsrechts?, ZEV 2009, 533–537

Knees, Klaus-Niels Immobiliarzwangsvollstreckung, 4. Aufl., 2003

Kornexl, Thomas Der Zuwendungsverzicht, 1998

Krescher, Karl-Ludwig/Tanck, Manuel Zuwendungen an Kinder zur Existenzgründung: Die „Ausstattung“ als ausgleichspflichtiger Vorempfang, ZEV 1997, 354–358

Kneiper, Rolf Die Verbindung des Erbvertrages mit anderen Verträgen, DNotZ 1968, 331–337.

Lange, Heinrich Schenkungen an beschränkt Geschäftsfähige und § 107 BGB, NJW 1955, 1339–1343

– Erbrecht, 1. Aufl., 1962

–/Kuchincke, Kurt Erbrecht, 5. Aufl., 2001

Lange, Knut Werner Erbrecht, 1. Aufl., 2011

Larenz, Karl Allgemeiner Teil des deutschen Bürgerlichen Rechts, 7. Aufl., 1989

Leipold, Dieter Erbrecht, 18. Aufl., 2010

– Ist unser Erbrecht noch Zeitgemäß?, JZ 2010, 802–811

Looschelders, Dirk Schuldrecht – Allgemeiner Teil, 6. Aufl., 2008

Neumann, Franz/Nipperdey, Hans/Scheuner, Ulrich	Die Grundrechte, Band II, 1954
Nierder, Heinrich/Kössinger, Reinhard/Kössinger, Winfried	Handbuch der Testamentsgestaltung, 3. Aufl., 2008
von Lübtow, Ulrich	Erbrecht, Band 1, 1971 Band 2, 1971
Mayer, Jörg	Anrechnung und Ausgleichung im Erb- und Pflichtteilsrecht eine Einführung anhand von Beispielsfällen, ZErb 2007, 130–138
–	Unliebsame Folgen des Pflichtteilsverzichts, ZEV 2007, 556–560
–	Der Übergabevertrag, 2. Aufl., 2001
–/Süß, Rembert/Tanck, Manuel/Bittler, Jan/Wälzholz, Eckard	Handbuch Pflichtteilsrecht, 2003
Meincke, Jens Peter	Zum Verfahren der Miterbenausgleichung, AcP 178, 45–68
Meyers Enzyklopädisches Lexikon	Band 2, Alv – Atz, 9. Aufl., 1971
Michalski, Lutz	Erbrecht, 3. Aufl., 2006
Motive zum BGB	Motive zu dem Entwurfe eines Bürgerlichen Gesetzbuches, amtl. Ausgabe, Band V, 1896
Muckel, Stefan	Kriterien des verfassungsrechtlichen Vertrauensschutzes bei Gesetzesänderungen, 1989
Mugdan, Benno	Die gesamten Materialien zum Bürgerlichen Gesetzbuch Band 5: Erbrecht, 1899
Münch/Kunig	Kommentar zum Grundgesetz Band 1, 5. Aufl., 2000
Münchener Kommentar	Kommentar zum Bürgerlichen Gesetzbuch Band 1 §§ 1–240, 5. Aufl., 2006 Band 9 §§ 1922–2385, 4. Aufl., 2004 Band 9 §§ 1922–2385, 5. Aufl., 2010

Muscheler, Karlheinz	Anmerkung zu BGHZ 134, 60, JZ 1997, 853–855
–	Die geplanten Änderungen im Erbrecht, Verjährungsrecht und Nachlassverfahrensrecht, ZEV 2008, 105–112
–	Erbrecht Band 1, 2010 Band 2, 2010
Oertmann, Paul	Die Rechtsbedingung, 1924
Otta, Thomas	Vorausleistungen auf den Pflichtteil, 2000
Otte, Gerhard	Anmerkung zu BVerfGE 112, 332 ff, JZ 2005, 1007–1010
–	Bessere Honorierung von Pflegeleistungen – Plädoyer für eine Vermächtnislösung, ZEV 2008, 260–268
–	Das Pflichtteilsrecht, AcP 202, 319–362
–	Um die Zukunft des Pflichtteilsrechts, ZEV 1994, 193–197
Palandt	Kommentar zum Bürgerlichen Gesetzbuch, 71. Aufl., 2012
Pentz, Adolf	Anrechnung von Zuwendungen auf den Pflichtteil ohne Pflegerbestellung, MDR1998, 1266–1269
Petri, Klaus	Die Pflicht zum Pflichtteil, ZRP 1993, 205–206
Pieroth, Bodo	Die neuere Rechtssprechung des Bundesverfassungsgerichts zum Vertrauensschutz, JZ 1984, 971
–	Rückwirkung und Übergangsrecht, 1981
Planck	Kommentar zum Bürgerlichen Gesetzbuch Band V §§ 1922–2385, 3. Aufl., 1908 Band V §§ 1922–2385, 4. Aufl., 1930
Protokolle zum BGB	Protokolle der Kommission für die zweite Lesung des Entwurfs des Bürgerlichen Gesetzbuchs, amtl. Ausgabe, Band V, 1896

PWW	Kommentar zum Bürgerlichen Gesetzbuch, 4. Aufl., 2009
Rensmann, Thilo	Reformdruck und Vertrauensschutz, JZ 1999, 168
Ress, Georg	Die Europäische Menschenrechtskonvention und die Vertragsstaaten: Die Wirkungen der Urteile des Europäischen Gerichtshofs für Menschenrechte im innerstaatlichen Recht und vor innerstaatlichen Gerichten, in: Europäischer Menschenrechtsschutz, Hrsg. Irene Maier, 1982
RGRK	Kommentar zum Bürgerlichen Gesetzbuch Band 1 §§ 1–240 (12. Aufl. 1982) Band 5, 1. Teil §§ 1922–2146 (12. Aufl. 1974) Band 5, 2. Teil §§ 2147–2385 (12. Aufl. 1975)
Röthel, Anne	Reformfragen des Pflichtteilsrechts, 2007
–	Gutachten zum 68. Deutschen Juristentag, 2010
Sachs	Kommentar zum Grundgesetz, 6. Aufl., 2011
Schaal, Daniel/Grigas, Frank	Der Regierungsentwurf zur Änderung des Erb- und Verjährungsrechts, BWNotZ 2008, 2–25
Schiffner, Ludwig	Pflichtteil, Erbenausgleichung und die sonstigen gesetzlichen Vermächtnisse, 1897
Schmucker, Andrea	Anmerkung zu BGH, Beschluss v. 16.01.2002–IV ZB 20/01, DNotZ, 2002, 665–668
Schneider, Hans	Gesetzgebung, 3. Aufl., 2002
Schubert, Werner	Die Reform des Nichtehelichenrechts (1961–1969), 2003
Sibert, Heinrich	Erbrecht, 1928
Soergel	Kommentar zum Bürgerlichen Gesetzbuch §§ 1922–2063 - Band 21, Erbrecht 1, 13. Aufl., 2002 §§ 2274–2385 - Band 23, Erbrecht 3, 13. Aufl., 2002

Sostmann, Ulrich	Grundstücksübertragungen an Abkömmlinge und ihre Auswirkungen auf das Pflichtteilsrecht, MittRhNotK 1976, 479–518
Staudinger	Kommentar zum Bürgerlichen Gesetzbuch §§ 90–133, Bearb. 2004 §§ 164–240, Bearb. 2009 §§ 362–396, Bearb. 2006 §§ 1589–1600d, Bearb. 2011 §§ 1922–1966, Bearb. 2008 §§ 1967–2063, Bearb. 2010 §§ 2064–2196, Bearb. 2003 §§ 2197–2228, Bearb. 2012 §§ 2229–2264, Bearb. 2012 §§ 2265–2338, Bearb. 2006 §§ 2339–2385, Bearb. 2004 §§ 2346–2385, Bearb. 2010 Außerdem die Vorauflagen: §§ 1922–2385, 9. Aufl., 1928 §§ 1922–2196, 11. Aufl., 1954 §§ 1967–2063, Bearb. 2002 §§ 2197–2264, Bearb. 2003 §§ 2229–2385, 12. Aufl., 1983 mit Einführungsgesetz und Nebengesetzen: Art. 1, 2, 50–218 EGBGB, Bearb. 2005
Stern, Klaus	Das Staatsrecht der Bundesrepublik Deutschland, Band 1, 2. Aufl., 1984
Storz, Karl-Alfred	Praxis des Zwangsversteigerungsverfahrens, 10. Aufl., 2007
Strohal, Emil	Das deutsche Erbrecht Band 1, 3. Aufl., 1903
Sturm, Fritz/Sturm, Gudrun	Zur Anrechnung beim Pflichtteilsergänzungsanspruch nach §§ 2325 ff. BGB, FS v. Lübtow, 1980, S. 599–617
–/–	Zur Ausgleichung beim Pflichtteilsergänzungsanspruch nach § 2325 BGB, FS v. Lübtow, 1991, S. 291–304

Stürner, Rolf	Der lediglich rechtliche Vorteil, AcP 173, 403–449
Stutz, Michael	Der Minderjährige im Grundstücksverkehr, MittRhNotK 1993, 205–217
Tanck, Manuel	Keine Pflichtteilsreduzierung bei Kombination von Anrechnung (§ 2315 BGB) und Ausgleichung (§ 2316 BGB)?, ZErb 2003, 41–43
Thubauville, Wilhelm	Die Anrechnung lebzeitiger Leistungen auf Erb- und Pflichtteilsrechte, MittRhNotK 1992, 289–308
Tremel, Ulrike	Verkehrswertermittlung von Grundstücken, ZEV 2007, 365–369
von Tuhr, Andreas	Der allgemeine Teil des Deutschen Bürgerlichen Rechts, 1910
Vogel, Klaus	Rechtssicherheit und Rückwirkung zwischen Vernunftrecht und Verfassungsrecht, JZ 1988, 833
Wacke, Andreas	Nochmals: Die Erfüllungsannahme durch den Minderjährigen – lediglich ein rechtlicher Vorteil?, JuS 1978, 80–84
Zierold, Kurt	Kennt das Bürgerliche Gesetzbuch ein subjektives Erbrecht?, 1921

BIELEFELDER RECHTSSTUDIEN

Schriftenreihe für Gesetzgebungswissenschaft, Rechtstatsachenforschung und Rechtspolitik
Herausgegeben von Prof. Dr. Otto Backes, Prof. Dr. Stephan Barton, Prof. Dr. Gerhard Otte, Prof. Dr. Martin Stock

Band 1 Ingrid Künzler: Macht der Technik – Ohnmacht des Rechts? Regelungsbedarf und Regelungsmöglichkeiten im Bereich Gentechnologie. 1989.

Band 2 Andreas Kondziela: Opferrechte im Jugendstrafverfahren. Legitimation und Grenzen aus theoretischer und empirischer Sicht. 1991.

Band 3 Dorothea Rzepka: Polizei und Diversion. Das Bielefelder Modell der Informationsvermittlung. 1993.

Band 4 Silvia Voß: Staatsanwaltschaftliche Entscheidung – Beeinflussung durch systematische Informationserweiterung? Die Umsetzung des Bielefelder Modellversuchs durch die Staatsanwaltschaft. 1993.

Band 5 Helmut Janssen: Die Praxis der Geldstrafenvollstreckung. Eine empirische Studie zur Implementation kriminalpolitischer Programme. 1994.

Band 6 Peter A. Peters: Das deutsche Insiderstrafrecht unter Berücksichtigung strafrechtlicher Konsequenzen für Kreditinstitute und prozessualer Durchsetzung. 1997.

Band 7 Olivia Lührmann: Tötungsrecht zur Eigentumsverteidigung? Eine Untersuchung des Notwehrrechts unter verfassungsrechtlichen, menschenrechtlichen und rechtsvergleichenden Gesichtspunkten. 1999.

Band 8 Marion Rosenke: Die rechtlichen Probleme im Zusammenhang mit der weiblichen Genitalverstümmelung. 2000.

Band 9 Dagmar Spona: Laienbeteiligung im Strafverfahren. Eine rechtssoziologische Untersuchung zur Funktion der Laienbeteiligung im Strafprozess. 2000.

Band 10 Stefan Vogelsang: Die Bedeutung erfolgreicher Verfahrensrügen für das nachfolgende tatrichterliche Urteil. Eine rechtstatsächliche Untersuchung der Aufhebungsentscheidungen des Bundesgerichtshofs in Strafsachen der Jahre 1992 und 1993 sowie der entsprechenden tatrichterlichen Urteile. 2001.

Band 11 Georg Zimmermann: Staatliches Abhören. 2001.

Band 12 Thomas Schwarz: Die eigene Sachentscheidung des BGH in Strafsachen (§ 354 Abs. 1 StPO). Eine normativ-empirische Studie. 2002.

Band 13 Pamela Siebrasse: Strafregistrierung und Grundgesetz. Zur Verfassungsmäßigkeit der Straf(verfahrens)registrierung in BZRG, StPO, BKAG und BGSG. 2002.

Band 14 Silke Maria Fiedeler: Das verfassungsrechtliche Hoffnungsprinzip im Strafvollzug – ein hoffnungsloser Fall? Grundlagen, Grenzen und Ausblicke für die Achtung der Menschenwürde bei begrenzter Lebenserwartung eines Gefangenen. 2003.

Band 15 Julia Nolting: Die Befreiung des Vorerben über die Grenzen des § 2136 BGB hinaus. Das bedingte oder befristete Vorausvermächtnis als Rechtsinstitut zur umfassenden Befreiung des Vorerben. 2003.

Band 16 Kristina Groth: Unbewusste Äußerungen und das Verbot des Selbstbelastungszwangs. 2003.

Band 17 Otto Backes / Christoph Gusy: Wer kontrolliert die Telefonüberwachung? Eine empirische Untersuchung zum Richtervorbehalt bei der Telefonüberwachung. Unter Mitarbeit von Maik Begemann, Siiri Doka und Anja Finke. 2003.

Band 18 Lars Lohkamp: Reformbedürftigkeit von Fahrverbot und Fahrerlaubnisentzug? 2004.

Band 19 Irmela Vogel: Fernsehübertragungen von Strafverfahren in der Bundesrepublik Deutschland und in den USA. 2005.

Band 20 Stephan Niermann: „e-Geldwäsche“. Rechtliche und faktische Grenzen der Gewinnabschöpfung bei Straftaten im modernen Zahlungsverkehr. 2004.

Band 21 Thorsten Berenbrink: Der übereilte Rechtsmittelverzicht des Angeklagten. Eine Untersuchung unter normativen und erfahrungswissenschaftlichen Gesichtspunkten. 2005.

Band 22 Silvia Bauszus: Der Topos von der *Großfamilie* in der familien- und erbrechtlichen Diskussion. 2006.

Band 23 Lucian Krawczyk: Die Relativierung der absoluten Beweiskraft des Hauptverhandlungsprotokolls (§ 274 StPO) in der neueren Rechtsprechung des Bundesgerichtshofs. 2008.

Band 24 Birte Meister: Die Versagung der Akteneinsicht des Verletzten, § 406e Abs. 2 StPO. 2011.

Band 25 Philipp Hahn: Die Rückwirkung von Gesetzesänderungen im Erbrecht. 2014.

www.ingramcontent.com/pod-product-compliance
Ingram Content Group UK Ltd.
Pitfield, Milton Keynes, MK11 3LW, UK
UKHW021856290926
8980IPUK00005B/861

9 783631 655498